CATALOGUE

d'Estampes, d'Ouvrages à Figures, de Dessins et de Tableaux,

QUI SE VENDENT CHEZ

DE VISSER & CIE

Portraits.

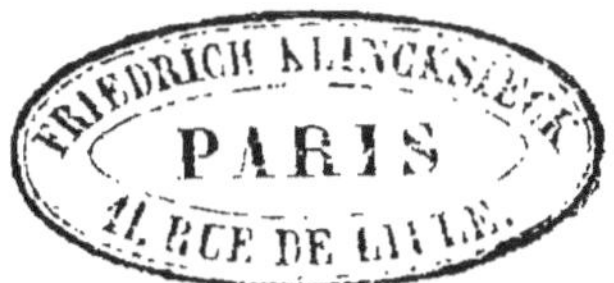

LA HAYE.

1849.

Ce catalogue se distribue chez les principaux libraires et marchands d'estampes à 40 cents.

TYPOGRAPHIE DE C. BLOMMENDAAL.

CATALOGUE

d'Estampes, d'Ouvrages à Figures, de Dessins et de Tableaux,

QUI SE VENDENT CHEZ

DE VISSER & CIE.

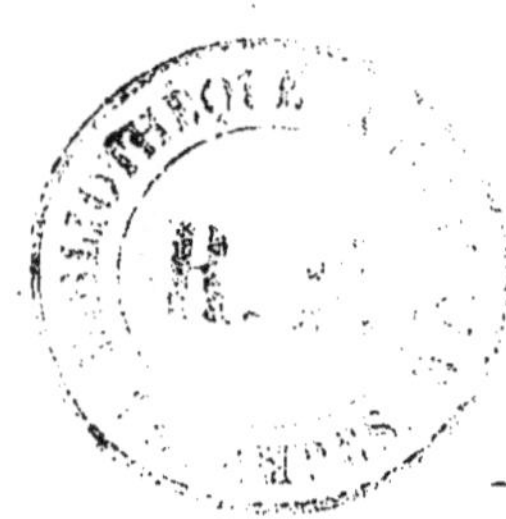
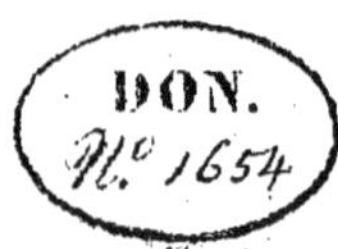

Portraits.

LA HAYE.

—

1849.

—

Ce Catalogue se distribue chez les éditeurs et les principaux libraires et marchands d'estampes à 40 cents.

AVIS.

La première partie de ce catalogue ne contient que des portraits; ils sont en général bien conditionnés, en partie montés sur papier fort, et proviennent des collections les plus estimées.

Les amateurs peuvent adresser des commissions à leurs libraires ou marchands d'estampes ordinaires, ou bien directement aux éditeurs, franc de port.

Pour les commissions qui dépassent cinquante florins, on donnera un rabais de 10 pct.

Les prix marqués sont en argent des Pays-Bas au comptant.

PAYS-BAS.

Comtes.

1 40 F. La belle suite des *Comtes et Comtesses de la Hollande et West-Frise*, avec le titre: *Principes Hollandiae et West-Frisiae, ab anno Christi* MCCCLXIII, *et primo Comite Theodorico, usque ab ultimum Philippum Hispaniarum Regem;* et à la fin les armoiries de la ville de Harlem; *C. de Visscher* sculps. sous la direction de *P. Soutman.* Gr. in-fol. Belles épreuves non rognées. . . . . *f* 20.00

2 *Philippe, Duc de Bourgogne,* XXX comte; *J. van Eijck* pinx. *P. van Sompel* sculps. gr. in-fol. . . . . = 2.00

3 *Charles, dit le Hardi, Duc de Bourgogne,* XXXI comte; *P. Soutman* effig. *J. Suijderhoef* sculps. gr. in-fol. = 3.00

4 2. F. *Maximilien d'Autriche, Duc de Bourgogne; P. P. Rubens* pinx. (le tableau original est en notre possession) *J. Suijderhoef* sculps. — *Marie, de Bourgogne,* XXXII comtesse. *P. Soutman* effig. *J. Suijderhoef* sculps gr. in-fol. = 5.00

5 *Charles-Quint, Empereur d'Allemagne, Roi d'Espagne,* XXXV comte, *Titian* pinx. *J. Suijderhoef* sculps. in-fol. . . . . = 3.00

6 ——— à mi-corps, avec un manteau, la tête couverte d'un bonnet orné d'une plume, dessin ferme, au crayon noir et lavé au bistre, par *le Titien.* Gr. in-fol.

7 ——— il est à cheval, près de la mer, un aigle lui tient un laurier. *A. van Dijck* pinx. *H. Guttenberg* sculp. in-4o. . . . . = 2.50

8 ——— en buste. *J. Houbraken* sculps. in-8o. . = 0.40

9 ——— à l'envers, par le même, avant la lettre. = 0.60

10 *Philippe* II, *Roi d'Espagne,* XXXVI et dernier comte. *A. Moro* pinx. *J. Suijderhoef* sculps. gr. in-fol. . . = 3.60

11 ——— *J. Houbraken* sculps. in-8o. . . . . . = 0.50

Évêques.

12 20 F. La belle suite, dite: *les Saints de Flandres,* avec le titre. *C. de Visscher* sculps. sous la direction de *Soutman.* gr. in-fol. Superbes épreuves non rognées. . . . = 12.00

13 12 F. Les *Évêques d'Utrecht.* C. et F. Bloemaert sculps. d'après les tableaux de leur père A. Bloemaert gr. in-fol. . *f* 8.00

Maison d'Orange-Nassau.

14 *Jean, comte de Nassau Catzenelnbogen* père de *Guillaume* I. *Mierevelt* pinx. *R. Vinkeles* sculps in-8°. . . ≠ 0.60

15 *René de Châlon, comte de Nassau, prince d'Orange.* Sans noms d'art. *Abr. Waesberge* exc. avec six vers latins de *C.* Barlaeus gr. in-fol. . . . . ≠ 3.00

16 ——————— *R. Vinkeles* sculps. in-8°. . . ≠ 0.50

17 *Guillaume* I. prince d'Orange, sans noms d'art. in-fol. ≠ 0.60

18 ——————— *H. Barij* sculps. avec six vers de *G. Brandt.* in-8. . . . . ≠ 0.80

19 ——————— dans une bordure allégorique. . . . ≠ 0.80

20 ——————— *C. Visscher* pinx. *J. Houbraken* sculps. in-8°. . . . . ≠ 0.50

21 ——————— la tête couverte d'une calotte. *Mierevelt* pinx. *J. Houbraken* sculps. in-8°. . . . . ≠ 0.50

22 ———————*Mierevelt* pinx. *P. Tanjé* del. et sculps. in-fol. ≠ 2.00

23 ——————— la tête couverte d'un chapeau rond. *A. van de Venne* pinx. *J. Houbraken* sculps. in-4°. . . . . ≠ 0.80

avant la lettre. . . . . ≠ 1.00

24 ——————— *Mierevelt* pinx. *E. Taurel* del. et sculps. Superbe épreuve, la lettre au trait. gr. in-fol.

25 ——————— Lith. de la Société des Beaux Arts. gr. in-fol. ≠ 1.00

26 *Anne, princesse d'Orange*, 2e femme de *Guillaume* I. *A. Moro* pinx. *J. Houbraken* sculps. in-fol. . . . . ≠ 1.00

27 ——— *J. Buijs* del. *R. Vinkeles* sculps. in-8°. . ≠ 0.20

28 *Louise de Coligni, princesse d'Orange* 4e femme de *Guillaume* I. avec six vers de *G. Brandt. Joh. de Visscher* sculps. in-4. . . . . ≠ 0.60

29 ——————— *J. Houbraken* sculps. d'après Mierevelt, in-fol. . . . . ≠ 1.00

30 ——————— *A. Schouman* del. *J. Houbraken* sculps. in-8°. . . . . ≠ 0.40

31 *Philippe Guillaume prince d'Orange* sans noms d'art. in-fol. . . . . ≠ 0.80

32 *Maurice, prince d'Orange* sans noms d'art. in-fol. ≠ 0.80

33 ——— avec six vers de G. Brandt in-4°. . . ≠ 0.60

34 ——— *Mierevelt* pinx. *J. Houbraken* sculps in-8°. ≠ 0.40

35 ——— *P. Tanjé* del. et sculps in-fol. . . . . ≠ 1.50

36 ——— Lithogr. de la société des Beaux arts. gr. in-fol. ≠ 1.00

37 *Frédéric Henri, prince d'Orange*, sans noms d'art. avec souscription latine in-fol. Rare. Epr. doublée. . . . *f* 1.90
38 ——— sans noms d'art. d'après *Hondthorst* in-fol. Epr. doublée. . . . . = 1.40
39 ——— *G. van Hondthorst* pinx. *C. de Visscher* sculps in-fol. Basan 35. . . . . = 4.00
40 ——— *B. Picart* sculps. dir. in-fol. . . . . . = 0.80
41 ——— *B. Picart* fec. gr. in-4o. doublé. . . = 0.50
42 ——— *A. Schouman* del. *J. Houbraken* sculps. in-8o. = 0.40
43 ——— *Mierevelt* pinx. *P. Tanjé* del. et sculps. in-fol. = 1.50
44 ——— Lithogr. de la société des Beaux arts. . = 1.00
45 ——— et sa femme *Amélie de Solms*, à mi-corps. *A. van Dijk* pinx. *C. Waumans* sculps. 2 F. in-fol. . . = 2.00
46 *Amélie de Solms, princesse d'Orange. G. van Hondthorst* pinx. *J. Houbraken* sculps in-fol. . . . = 1.00
47 *Guillaume* II, *prince d'Orange, G. van Hondhorst* pinx. *C. de Visscher* sculps in-fol. Basan 36. . . . . = 4.00
48 ——— *P. Tanjé* del. et sculps in-fol. . . . = 1.50
49 ——— *M. Verheijden* del. *J. Houbraken* sculps. in-8o. . . . . = 0.60
50 ——— *A. Schouman* del. *J. Houbraken* sculps. in-8o. = 0.40
51 *Marie, princesse d'Orange*, femme de *Guillaume* II. *G. van Hondthorst* pinx. *J. Houbraken* sculps. in-fol. = 1.50
52 *Guillaume* III, *prince d'Orange* sans noms d'art. dans le style des portraits de *C. de Visscher* gr. in-fol. . . . = 4.00
53 ——— sans noms d'art. in-4o Rare. . . . . . = 1.00
54 ——— *P. van Gunst* sculps. in-8o. . . . . . = 0.40
55 ——— *B. Picart* sculps. dir. in-fol. . . . . = 0.70
56 ——— avant le numéro. . . . . = 1.00
57 ——— *Wijssing* pinx. *P. Tanjé* sculps in-fol . = 1.50
58 ——— *J. Houbraken* sculps. in-8o. . . . . . = 0.40
59 ——— comme Roi d'Angleterre, richement habillé, la tête couverte d'un chapeau. *J. de Later* fec. en manière noire in-fol. Très beau et rare. . . . . = 4.00
60 *Jean, comte de Nassau, A. van Dijk* pinx. sans nom de graveur in-fol. . . . . = 1.00
61 *Louis, comte de Nassau*, sans noms d'art. in-fol. = 0.60
62 *Guillaume, comte de Nassau*, seigneur du Leck etc. *E. van der Maes* pinx. *W. Hondius* sculps gr. in-fol. . . . = 3.00
63 *Guillaume, comte de Nassau*, maréchal des Pays-Bas. *J. Mijtens* pinx. *W. Hondius* sculps gr. in-fol. . . = 2.40
64 ——— *Mierevelt* pinx. *W. J. Delff* sculps. gr. in-fol. = 3.00

65 *Le même J. Houbraken* sculps in-8°. . . . . . *f* 0.40
66 *Jean Maurice, comte de Nassau. G. van Hondthorst* pinx. *P. Soutman* sculps. in-fol. . . . . = 3.40
67 ——— à mi-corps *G. Flinck* pinx. *C. van Dalen Jr.* sculps. gr. in-fol. . . . . = 1.60
68 ——— *P. Nason* pinx. *J. Houbraken* sculps. in-8°. = 0.40
69 *Guillaume Hyacinth, comte de Nassau Siegen. P. Schenk* sculps. en manière noire in-4°. . . . . = 1.00
70 *Guillaume Louis, comte de Nassau*, stadhouder de Frise sans noms d'art. in-fol. . . . . = 0.60
71 ——— *J. Houbraken* sculps in-8°. . . . . . = 0.40
72 *Ernest Casimir, comte de Nassau. J. Buijs* del. *R. Vinkeles* sculps in-8°. . . . . = 0.40
73 ——— *Mierevelt* pinx. *J. Houbraken* sculps. in-8°. = 0.40
74 *Guillaume Frédéric, comte de Nassau, J. Houbraken* sculps. in-8°. . . . . = 0.40
75 *Henri Casimir, comte de Nassau. J. Houbraken* sculps. in-8°. . . . . = 0.40
76 *Henri Casimir II, comte de Nassau. J. Houbraken* sculps. in-8°. . . . . = 0.40
77 *Jean Guillaume Friso, prince d'Orange. P. van Dijk* pinx. *J. Houbraken* sculps. in-8°. . . . . = 0.30
78 ——— *H. de Quiter* pinx. *J. Houbraken* sculps. in-8°. = 0.40
79 ——— par les mêmes in-fol. 1.50
80 ——— *G. Sanders* del. *P. Tanjé* sculps. in-fol. = 1.30
81 *Marie Louise de Hessen-Cassel*, douairière de *J. G. Friso. B. Accama* pinx. *J. Houbraken* sculps in-fol. . . . = 1.00
82 ——— *G. Sanders* del. *P. Tanjé.* sculps in-fol. = 1.00
83 *Guillaume IV, prince d'Orange. Mutsart* pinx. *J. Houbraken* sculps. in-8°. . . . . = 0.40
84 ——— *Aved* pinx. *J. Houbraken* sculps. in-fol. = 1.50
85 ——— *H. Pothoven* ad viv. del. *J. Houbraken* sculps. in-fol. . . . . = 1.00
86 ——— *G. Sanders* del. *P. Tanjé* sculps in-4°. = 0.60
87 ——— *P. Tanjé* sculps in-fol. . . . . . . = 1.00
88 ——— à mi-corps. *J. Fournier* pinx. *P. Tanjé* sculps. in-fol. . . . . = 2.00
89 ——— buste en grandeur naturelle. *C. F. Fritsch* sculps. format atlantique. Rare. . . . . = 4.00
90 *Anne, princesse d'Angleterre*, femme de *Guillaume* IV. *H. Hijsing* pinx. *J. Faber* sculps. en manière noire in-fol. = 1.40
91 ——— *P. van Dijk* pinx. gravé par le même in-fol. = 0.60

92 *La même H. Pothoven* del. *J. Houbraken* sculps. in-fol. *f* 1.00

93 *Guillaume* V. *prince d'Orange*, et la princesse *Caroline*, comme enfans, sur la même feuille. *G. Sanders* del. *P. Tanjé* sculps. in-fol. . . . . ≈ 0.70

94 2 F. *Les mêmes* plus agés. *H. Pothoven* del. *J. Houbraken* sculps. in-fol. . . . . ≈ 1.60

95 *Guillaume* V. *L. F. Liotard* en crayon. *J. Houbraken* sculps. in-8°. . . . . ≈ 0.40

96 ——— *R. Vinkeles* fec. in-8°. . . . . . . ≈ 0.40

97 ——— *T. P. C. Haag* pinx. *J. Houbraken* sculps in-fol. . . . . ≈ 1.00

98 —— — à mi-corps. *J. Watson* fecit en manière noire in-fol. . . . . ≈ 2.80

99 *Frédérique Sophie Guillemine*, *princesse de Prusse* femme de *Guillaume* V. *D. Chodowiecki* pinx. et fecit Berolini 1767. in-fol. Rare. . . . . ≈ 3.00

100 ——— *V. Green* sculps en manière noire in-fol. ≈ 2.90

101 *Le même portrait* sup. épreuve avant la lettre.. ≈ 5.00

102 2 F. *Guillaume* V *et sa femme*. Peint et gravé par *H. G. Does* en manière noire in-fol. . . . . ≈ 4.00

03 *Guillaume George Frédéric prince d'Orange. H. Jones* pinx. *R. Vinkeles* sculps in-8°. . . . . ≈ 0.40

104 *Guillaume* I. *Roi des Pays-Bas*, en 1808. *W. van Senus* sculps. in-fol. . . . . ≈ 2.00

105 ——— *C. Kruseman* pinx. *J. P. Lange* sculps. 1835 in-fol. . . . . ≈ 4.00

106 *Frédérique Louise Guillemine*, *princesse de Prusse*, femme de *Guillaume* I. *Bolomey* sculps. en manière noire in-4°. . . . . ≈ 0.70

107 ——— *H. W. Couwenberg* sculps d'après le marbre de *L. Royer* in-fol. . . . . ≈ 2.80

Hommes d'État. Membres de la Régence.

108 28 F. *Les Gouverneurs-Généraux des Indes Orientales*, suite complète tirée à part sur papier fort, en premières épreuves. *J. van Schleÿ* del. in-8° oblong. Rare. . . ≈ 10.00

109 *Aÿtta*. (*Viglius v. Zuichem v.*) *J. Houbraken* sculps. in-8°. . . . . ≈ 0.40

110 *Aarssens*. (*C. van*) *J. Houbraken* sculps. d'aprés *Mierevelt* in-8°. . . . . ≈ 0.30

11 ——— (*F. van*) par les mêmes in-8°. . . . . ≈ 0.40

112 *Appelman*. (*J.*) *H. Pothoven* del. *J. Houbraken* sculps. in-8°. . . . . ≈ 0.30

avant la lettre. . . . . ≈ 0.50

113 *Bardesius.* (*W.*) *H. Goltzius* 1580. fec. contre épr. de Bartsch N°. 200. . . . . *f* 0.80
114 ———— *J. Houbraken* sculps in-8°. . . = 0.30
115 *Bempden.* (*E. van den*) *J. Wandelaar* del. *J. Houbraken* sculps. in-fol. . . . . = 0.80
116 *Berckel.* (*E. F. van*) *Schmidt* del. *R. Vinkeles* sculps. in-8°. . . . . = 0.30
117 ——— (*P. J. van*) *R. Vinkeles* sculps. in-8°. . = 0.30
118 ———— *F. J. Pfeiffer* del. *L. Brasser* sculps. in-fol. . . . . = 1.40
119 *Beverninck.* (*H. van*) *Maes* pinx. *A.Blooteling* sculps. en manière noire gr. in-fol. . . . . = 3.60
120 *Bicker.* (*A*) *B. van der Helst* pinx. *J. van Vilsteren* fec. manière noire. 2 épr. différentes. in-4° Rares. . . = 3.90
121 ———— *J. Houbraken* sculps in-8°. . . = 0.30
122 ——— (*C.*) *J. Houbraken* sculps in-8°. . . = 0.40
avant la lettre. . . . . . = 0.60
123 ——— (*J. B.*) *R. Vinkeles* sculps. in-8o. . . = 0.40
124 ——— (*R.*) *H. Pothoven* del. *J. Houbraken* sculps in-8°. . . . . = 0.40
avant la lettre. . . . . . = 0.60
125 *Blok.* (*F. G.*) *R. Vinkeles* sculps. in-8°. . . . = 0.40
126 *Boddaert.* (*P*) *P. van Dijk* pinx. *J. Houbraken* sculps. in-4°. . . . . = 0.80
127 ——— (*J. G.*) *P. Zaenredam* del. (*J. v. d. Velde* sculps.) *A. Roman* exc. in-fol. Rare. . . . . = 1.60
128 *Boreel, Jz.* (*J*) *J. Houbraken* sculps in-4°. . . = 0.40
avant la lettre. . . . . . = 0.60
129 *Borssele.* (*A. van*) *A. Schouman* del. *J. Houbraken* sculps. in-8°. . . . . = 0.40
130 ——— (*T. van*) *J. Fournier* pinx. *P. Tanjé* sculps. in-fol. . . . . = 1.50
131 *Buis.* (*P.*) *A. Schouman* del. *J. Houbraken* sculps. in-8°. . . . . = 0.30
132 *Burg.* (*A. C.*) *P. Moreelse* pinx. *J. Houbraken* sculps. in-4°. . . . . = 0.40
avant la lettre. . . . . . = 0.60
133 *Buijck.*(*J.*) *J. Muller* del. *J.Houbraken* sculps in-4°. = 0.40
avant la lettre. . . . . . = 0.60
134 *Buijs.* (*W.*) *C. Netscher* pinx. *J. Houbraken* sculps. in-8°. . . . . = 0.30
avant la lettre. . . . . . = 0.50
135 *Bijnkershoek.* (*C. van*) *P. van Dijk* pinx. *J. Houbraken* sculps in-fol. . . . . = 1.40

136 *Calkoen.* (*J.*) *J. Regters* pinx. *J. Houbraken* sculps. in-fol. . . . . *f* 1.50
137 *Camerling.*(*D. J. Canter*) *R. Vinkeles* sculps in-8o. = 0.40
138 *Capellen.*(*Jhr.A. van der*) *R. Vinkeles* sculps in-8o. = 0.60
139 ——— (*Jhr.J.D.vander*) *R.Vinkeles* sculps in-8o. - 0.30
140 ——————— *J. A. Kaldenbach* pinx. *Hulk* sculps. in-8o. . . . . = 0.50
141 ——————— *J. J. Haid* sculps en manière noire in-4o. . . . . = 0.70
142 *Cats.*(*J.*) *Miereveltpinx.J.Houbraken* sculps. in-8o. = 0.40
143 *Citters.* (*A. van*) *G. Kneller* pinx. *J. Houbraken* sculps. in-8o. . . . . = 0.40
144 ——— (*C. van*) *P. van Dijk* pinx. *J. Houbraken* sculps. in-8o. . . . . = 0.30
épreuve en rouge. . . , ... = 0.50
145 ——— (*W. van*) *Palthe* pinx. *J. Houbraken* sculps. in-8o. . . . . = 0.30
146 *Collen.* (*F. van*) *J. Wandelaar* del. *J. Houbraken* sculps. in-fol . . . . = 0.70
147 *Crane.* (*J. de*) *A. van Hulle* pinx. *M. Borrekens* sculps. in-fol. . . . . = 1.20
148 *Cromhout.* (*A. Rz.*) *J. Houbraken* sculps-in 4o. = 0.40
149 *Damhouder.* (*J.*) *R. Vinkeles* sculps. in-fol avec signature. . . . . = 1.00
150 *Dieu.* (*D. de*) *J. Wandelaar* del. *J. Houbraken* sculps. in-fol. . . . . = 1.20
151 ——————— *H. Pothoven* del. *J. Houbraken* sculps. in-8o. . . . . = 0.40
152 *Dussen.* (*B. van der*) *J. Houbraken* sculps. in-8o. = 0.40
avant la lettre. . . . . . = 0.60
153 *Ermerins.* (*J.*) *R. Vinkeles* sculps. in-8o. . . . = 0.40
154 *Eversdijk.* (*C. van*) *W. Eversdijk* pinx. *J. Houbraken* sculps. in-fol. . . . . = 1.90
155 *Fagel.* (*F.*) *A. Schouman* del. *J. Houbraken* sculps. in-8o. . . . . = 0.30
156 ——— (*G.*) par les mêmes in-8o. . . . . . . = 0.30
157 *Geelvink.* (*L.*) *M. Quinkhart* pinx. *J. Houbraken* sculps. in-8o. . . . . = 0.40
158 ——————— *J. Wandelaar* del. *J. Houbraken* sculps. in-fol. . . . . = 0.70
159 *Gevers.*(*P.*)*G.Metellus* del. *L.Brasser* scupls.in-fol. = 1.60
160 ——————— *R. Vinkeles* sculps in-8o. . . . . = 0.40
161 *Gilles.* (*J.*) *J. Houbraken* sculps. in-8o. . . . . = 0.30

162 *Goens.* (*van*) sans noms d'art. in-4°. Rare. . : *f* 0.80

163 *Goethem.* (*P.*) *P. Saenredam*, del. *J. van Velde* sculps. in-4° . . . . = 0.90

164 *Goes.* (*Adrien van der*) *Quinkhart* pinx. *J. Houbraken* sculps. in-8°. . . . . = 0.30

165 —— (*Aert van der*) par les mêmes in-8°. . . . = 0.30

166 *Goslinga.* (*S. van*) *Accama* pinx. *J. Houbraken* sculps. in-8°. . . . . = 0.40

167 *Graeff.* (*A. de*) *H. Pothoven* del. *J. Houbraken* sculps. in-4°. . . . . = 0.40

168 —— (*C. de*) *J. Houbraken* sculps. in-4°. . . . = 0.40

169 —— (*D. Jz. de*) *J. Houbraken* sculps. in-4°. = 0.40
avant la lettre. . . . . = 0.60

170 —— (*J. de*) *J. Houbraken* sculps. in-4°. . . . = 0.40

171 *Graswinckel.* (*Th.*) *Mierevelt* pinx. *Matham.* sculps. in-fol. belle épr. . . . . = 3.00

172 *Groenendijk.* (*J. R. van*) *C. Dusart* del. *C. van Dalen* sculps. in-fol. . . . . = 2.90

173 *Groot.* (*H. de*) *A. Schouman* del. *J. Houbraken* sculps. in-8°. . . . . = 0.40

174 *Gijzelaar.* (*C. de*) *R. Vinkeles* sculps. in-8°. . . = 0.30

175 *Hartsink.* (*C.*) *J. Houbraken* sculps. in-4°. . = 0.40
avant la lettre... . . . . . = 0.60

176 ——— (*J. J.*) *Pothoven* del. *J. Houbraken* sculps. in-4°. . . . . = .0.40

177 *Hasselaar.* (*G. A.*) *A. Schouman* del. *J. Houbraken* sculps. in-8°. . . . . = 0.30

178 — ——— *J. Wandelaar* del. *J. Houbraken* sculps. in-fol. . . . . = 1.40

179 ——— (*P. Dz.*) *J. Houbraken* sculps. in fol. = 0.60

180 *Heemskerk.* (*C. van*) *A. Schouman* del. *J. Houbraken* sculps. in 8°. . . . . = 0.40

181 *Heim.* (*A. van der*) *P. van Dijk* pinx. *J. Houbraken* sculps. in-8°. . . . . =. 0.40

182 *Heinsius.* (*A.*). *H. Pothoven* del. *L. A. Claessens* sculps. in-8°. . . . . = 0.40

183 *Hinloopen.* (*J. Jz.*) *J. Houbraken* sculps. in-4°. = 0.40
avant la lettre. . . . . = 0.60

184 *Hogendorp.* (*G. K. van*) *H. W. Caspari* del. *J. E. Marcus* sculps. in-8°. . . . . = 0.50

185 *Hogerbeets.* (*R.*) *M. Mierevelt* pinx. *H. Barij* sculps. in-8°. . . . . = 0.40

186 *Hogerbeets.* (*R.*) *J. van Ravestein* pinx. *J. Houbraken* sculps. in-8o. . . . . *f* 0.40
187 *Hooff.* (*J. R. F. van*) *R. Vinkeles* sculps. in-8o. = 0.30
188 ——————— *en Brutus. C. van Cuijlenburgh* pinx. *C. H. Hodges* del. et fec. en manière noire in-fol. = 1.40
189 *Hooft.* (*C. Pz.*) sans noms d'art. avec huit vers hollandais de *G. Brandt.* in-4o. . . . . = 0.60
190 ——————— *H. Pothoven* del. *J. Houbraken* sculps. in-8o. . . . . = 0.30
191 ——— (*G.*) *J. Houbraken* sculps. in-4o. . . . = 0.40
192 ——————— *J. Wandelaar* del. *J. Houbraken* sculps. in-fol. . . . . = 1.30
193 ——— (*H.*) *J. Houbraken* sculps in-4o. . . . . = 0.40
194 ——————— *H. Pothoven* del. *R. Vinkeles* et *C. Bogerts* sculps. in-8o. . . . . = 0.30
195 ——————— *A. de Lelie* pinx. *N. Schiavonetti* sculps in-fol. . . . . = 2.00
196 ——— (*P. C.*) en buste, avec souscr. *Alter Tacitus.* Estampe ciselée par *J. Lutma* in-fol. très recherché. = 3.40
197 ——————— à mi-corps, avec quatre vers hollandais de *B. Huijdecoper. Mierevelt* pinx. *J. Houbraken* sculps. in-fol. . . . . = 1.60
198 ——— Lithogr. de la société des Beaux arts in-fol. = 1.00
199 *Hoog.* (*Th.*) *P. F. de la Croix* del. *J. Houbraken* sculps. in-8o. . . . . = 0.40
200 *Hoornbeek.* (*J. van*) *J. Vollevens* pinx. *J Houbraken* sculps. in-8o. . . . . = 0.40
201 *Hop.*(*C.*)*J. Wandelaar* del. *J. Houbraken* sculps in-fol. = 1.40
202 ——— *P. van Dijk* pinx. *J. Houbraken* sculps in-8o. = 0.40
203 —— (*J.*) *Netscher* pinx. *J. Houbraken* sculps in-8o. = 0.40
204 *Hout.* (*J. van*) *J. Houbraken* sculps in-8o. . . = 0.40
205 *Hudde.* (*J.*) *Pothoven* del. *J. Houbraken* sculps in-8o. = 0.40
avant la lettre. . . . . . . = 0.60
206 *Huybert.* (*P. de*) *Netscher* pinx. *J. Houbraken* sculps. in-8o. . . . . = 0.60
207 *Huijdecoper.* (*Joan.*) *J. Ovens* pinx. *J. Houbraken* sculps. in-4o. . . . . = 0.40
avant la lettre. . . . . = 0.60
208 ——————— (*Johan.*) *J. Houbraken* fec. in-8o. = 0.40
209 *Imhoff.* (*G. W. Baron van*) *J. M. Quinkhart* pinx. *J. Houbraken* sculps in-fol. . . . . = 1.30
210 *Kasteele.* (*P. L. van de*) *A. Claterbos* del. *R. Vinkeles* sculps. in-8o. . . . . = 0.40

211 *Kies.(P.J.)C.Ketel* pinx. *J.Houbraken* sculps. in-8°. *f* 0.30

212 *Knuijt.* (*J. de*) *A. Schouman* del. *J. Houbraken* sculps. in-8°. . . . . ≠ 0.40

213 ———— *A. van Hulle* pinx. *P. Pontius* sculps. in-fol. . . . . ≠ 1.00

214 *Kok.* (*F. B.*) *Rembrandt* pinx. *J. Houbraken* sculps. in-4°. . . . . ≠ 0.40
avant la lettre. . . . . ≠ 0.60

215 *Laan.* (*N. van der*) *J. Houbraken* fec. in-4°. . ≠ 0.40

216 *Lambrechtsen.* (*N. C.*) *P. Gaal* del. *R. Vinkeles* sculps. in-8°. . . . . ≠ 0.30

217 *Lampsins. Baron van Tabago.* (*C.*) *J. Houbraken* fec. in-4°. . . . . ≠ 0.40
avant la lettre. . . . . ≠ 0.60

218 *Leoninus.* (*E.*) *H. Pothoven* del. *P. W. van Megen* sculps. in 8°. . . . . ≠ 0.40
avant la lettre. . . . . ≠ 0.60

219 *Luijken.* (*J. G.*) *R. Vinkeles* ad viv. del. et sculps. in-8°. . . . . ≠ 0.40

220 *Lijnden.* (*W. Baron van*) *P. F. de la Croix* del. *J. Houbraken* sculps in-8°. . . . . ≠ 0.40

221 *Maelson.* (*F.*) avec six vers hollandais de *G. Brandt. J. H. Wiercx* sculps. en argent in-8°. . . . . ≠ 1.00

222 ———— *J. Houbraken* sculps. in-8°. . . . 0.40

223 *Marcus.* (*P. J.*) *L. Moritz* del. *R. Vinkeles* sculps. in-8°. . . . . ≠ 0.30

224 *Marnix van St. Aldegonde.* (*P.*) *De Gheijn* pinx. *J. Houbraken* sculps. in-8°. 0.40

225 ———————— avec quatre vers hollandais de *G. Brandt. H. Barij* sculps. in-4°. . . . . ≠ 0.60

226 ———————— dans une bordure allégorique. . . . . ≠ 0.60

227 ————————sansnomsd'art.in-fol. ≠ 0.70

228 *Martini.* (*A.*) *de la Croix* pinx. *R. Vinkeles* sculps. in-8°. . . . . ≠ 0.30

229 *Meerman.* (*G.*) *Peronneau* pinx. *L. A. Claessens* sculps. in-4°. . . . . ≠ 1.00

230 ———— *J. Daullé* sculps in-8°. . . . ≠ 1.40

231 ———— (*J.*) *A. Schouman* del. *J. Houbraken* sculps. in-8°. . . . . ≠ 0.40

232 *Muelen.* (*G. van der*) *Hoet* del. *P. van Gunst* sculps. in-fol. . . . . ≠ 0.90

233 *Muijs. van Holij* (*J.*) *J. Houbraken* et *P. W. van Megen*

sculps. in-4o. . . . . *f* 0.40
avant la lettre. . . . . . = 0.60

234 *Le même. A. Blokland* pinx. *S. van Hoogstraten* sculps. in-4o. . . . . = 1.00

235 *Neck.* (*J. C. van*) *C. Ketel* pinx. *J. Houbraken* sculps. in-8o. . . . . = 0.40

236 *Nieuwhoff.* (*J.*) sans noms d'art. avec six vers de *Jean Vos* in-fol. . . . . = 1.00

237 ———— à l'envers avec six vers de *D. Lingelbach* in-fol. . . . . = 1.60

239 *Oldenbarneveld.* (*J. van*) *M. Mierevelt* pinx. *H. Barij* sculps. in-8o. . . . . = 0.40

239 ———— *P. van Gunst* sculps. in-8o. = 0.40

240 ———— *J. Buijs* del. *R. Vinkeles* sculps. in-8o. . . . . = 0.40

241 ———— *A. Schouman* del. *J. Houbraken* sculps. in-8o. . . . . = 0.40

242 *Pallandt.* (*Jhr. A. W. Baron van*) *Sr. de Zuithem A. de Lelie* pinx. *Schiavonetti* sculps. in-fol. . . . . = 2.00

243 *Paulus.* (*P.*) *G. J. van den Berg* del. *R. Vinkeles* sculps. in-8o. . . . . = 0.40

243* ———— *J. Wijsman* fec. in-4o. . . . . . = 0.60

244 *Pauw.* (*A.*) *J. Houbraken* fec. in-4o. . . . . . = 0.40
avant la lettre. . . . . . = 0.60

245 ———— *A. van Hulle* pinx. *P. Pontius* sculps. in-fol. . . . . = 1.40

246 ———— et sa femme *Anne de Ruijtenburgh. G. Terburg* pinx. *P. Holsteijn* sulps. 2 F. gr. in-4o. épr. postérieures. . . . . = 1.50

247 ———— (*R.*) *J. Houbraken* sculps. in-4o. . . . = 0.40
avant la lettre. . . . . . = 0.60

248 *Poll.* (*H. H. van de*) *H. Pothoven* pinx. *J. Houbraken* sculps. in-8o. . . . . = 0.40
avant la lettre. . . . . = 0.60

249 ———— (*Me. J. van de*) *J. M. Quinkhart* pinx. *J. Houbraken* sculps. in-8o. . . . . = 0.40
avant la lettre. . . . . . = 0.60

250 ———— (*J. van de*) *J. Houbraken* sculps in-8o. . = 0.40

251 ———— (*P. van de*) *J. Houbraken* fec. in-8o. . = 0.40

252 *Radermacher.* (*S.*) *P. van Dijk* pinx. *J. Houbraken* sculps. in-fol. . . . . = 1.20

253 *Raep.* (*P. A.*) *H. Pothoven* del. *J. Houbraken* sculps. in-8o. . . . . = 0.40
avant la lettre. . . . . . . = 0.60

254 *Recxstoot.* (*J. P.*) *Montmorency* pinx. *J. Houbraken* sculps. in-4°. . . . . *f* 0.50

255 *Reidanus.* (*E.*) conseiller de *Guillaume* I. avec six vers latins de *J. J. Pontanus. J. Muller* sculps. in-fol. Bartsch 19. . . . . = 1.60

256 *Rendorp Sr. de Marquette.* (*P.*) *J. Houbraken* sculps. in-4°. . . . . = 0.40
avant la lettre. . . . . . = 0.60

257 ——— ——————— *F. van der Mijn* pinx. *J. Houbraken* sculps. in-fol. . . . . = 1.40

258 ——————————— (*J.*) *R. Vinkeles* sculps. in-8°. . . . . = 0.30

259 ——————————— *Tischbein* pinx. *R. Vinkeles* sculps. in-8°. . . . . = 0.50

260 *Roelofszoon.* (*Egbert. J. Houbraken* sculps. in-4°. . = 0.40
avant la lettre. . . . . = 0.60

261 *Rousset de Missy.* (*J.*) Conseiller de *Guillaume* IV. *J. Fournier* pinx. *J. Houbraken* sculps. gr. in-4°. = 1.20

262 *Rijcke.* (*P. de*) *J. Houbraken* sculps in-4°. . . = 0.40
avant la lettre. . . . . . = 0.60

263 *Sautijn.* (*J.*) *J. Houbraken* sculps. in-4°. . . = 0.40
avant la lettre. . . . . . = 0.60

264 *Schimmelpenninck.* (*R. J.*) *J. Kuijper* del. *R. Vinkeles* sculps. in-8°. . . . . = 0.30

265 ——————————— en pied. Peint et gravé en manière noire par *C. H. Hodges* gr. in-fol. belle épr. = 8.00

266 *Scholten.* (*F.*) *H. W. Caspari* del. *J. E. Marcus* sculps. in-8°. avec signature. . . . . = 0.70

267 *Schotte.* (*J.*) avec huit vers hollandais de *C. Boijus. M. Limburg* del. *C. de Pas* sculps. in-fol. . . . . = 1.40

268 *Schroeder* (*C. G. de*) *J. Wessel* pinx. *J. Houbraken* sculps. in-fol. . . . . = 1.90

269 *Six.* (*J.*) *J. Wandelaar* del. *J. Houbraken* sculps. in-fol. . . . . = 1.10

270 *Slicher.* (*J. B.*) *J. Wandelaar* del. *J. Houbraken* sculps. in-fol. . . . . = 1.20

271 *Slingelandt.* (*G. van*) *J. Houbraken* fec. in-4°. = 0.40
avant la lettre. . . . . . = 0.60

272 ——————— (*S. van*) *A. Schouman* del. *J. Houbraken* sculps. in-8°. . . . . = 0.40

273 *Sonoij.* (*D.*) (*B. Picart* sculps. dir.) in-fol. . . = 0.60
avant le numéro. . . . = 1.10

274 ——————— *J. Buijs* del. *R. Vinkeles* et *C. Bogerts* sculps. in-12°. . . . . = 0.20

273 *Spiegel.* (*H. D.*) *M. Limburgh* pinx. *J. Munnickhuijsen* sculps. in-fol. . . . . *f* 1.20

276 ——————— *J. Houbraken* sculps. in-4°. . . = 0.40
avant la lettre. . . . . . = 0.60

277 *Spiegel.* (*L. P. van de*) *P. Oets* pinx. *R. Vinkeles* sculps. in-8°. . . . . = 0.40

278 *Steengracht Nz.* (*A.*) *Appelius* pinx. *J. Houbraken* sculps. in-4°. Non publié. Beau et rare. . . . . . . = 1.00

279 *Steijn.* (*P.*) *A. Schouman* del. *J. Houbraken* sculps. in-8°. . . . . = 0.40

280 *Temminck.* (*E. de Vrij*) *J. Houbraken* sculps. in-8°. = 0.40
avant la lettre. . . . . . = 0.60

281 ——————— *J. Wandelaar* del. *J. Houbraken* sculps. in-fol. . . . . = 1.30

282 ——————— *R. Vinkeles* sculps in-8°. = 0.40

283 *Tocht.* (*J. van der*) *L. A. Claessens* sculps. épr. avant la lettre et les noms d'art. in-4°. . . . . = 1.40

284 *Toulon.* (*M. van*) *Schmidt* pinx. *R. Vinkeles* sculps. in-8°. . . . . = 0.40

285 *Tulp.* (*N.*) *Rembrandt* pinx. *J. Houbraken* sculps. in-4°. . . . . = 0.40
avant la lettre. . . . . . = 0.60

286 *Valckenier.* (*G.*) *W. Vaillant* pinx. *T. Matham* sculps. gr. in-fol. . . . . = 4.00

287 ——————— *J. Houbraken* sculps. in-4°. . = 0.40
avant la lettre. . . . . . = 0.60

288 *Verheije.* (*J.*) *P. van Dijk* pinx. *J. Houbraken* sculps. in-8°. . . . . = 0.40

289 *Visscher.* (*C. W.*) *Schmit* del. *R. Vinkeles* sculps. in-8°. . . . . = 0.40
avant la lettre. . . . . . = 0.60

290 ——————— *Schmidt* pinx. *J. F. Bause* sculps. gr. in-fol. . . . . = 2.90

291 *Waveren.* (*A. O. van*) *H. de Keijser* pinx. *J. Houbraken* sculps. in-4°. . . . . = 0.40
avant la lettre. . . . . . = 0.60

292 *Weede, Sr. de Dijkveld.* (*E. van*) *A. Schouman* del. *J. Houbraken* sculps. in-8°. . . . . = 0.40

293 *Werf.* (*P. A. van der*) *J. Houbraken* sculps. in-4°. = 0.40

294 ——————— à l'envers par le même. . = 0.40

295 *Witsen.* (*C. J.*) *B. van der Helst* pinx. *J. Houbraken* sculps. in-4°. . . . . = 0.40
avant la lettre. . . . . . = 0.60

296 *Witsen.* (*J.*) *F. van der Mijn* pinx. *J. Houbraken* sculps. in-4°. . . . . *f* 0.40
avant la lettre. . . . . . = 0.60

297 ——— (*N.*) *M. van Musscher* pinx. *J. Houbraken* sculps. in-8°. . . . . = 0.40

298 *Witsz.* (*G. J.*) *M. Mierevelt* pinx. *J. Houbraken* sculps. in-4°. . . . . = 0.40
avant la lettre. . . . . . = 0.60

299 *Witt.* (*Jacob de*) *Hondthorst* pinx. *J. Houbraken* sculps. in-8°. . . . . = 0.40

300 —— (*Jean de*) *B. Picart* sculps. dir. in-fol. . = 0.70

301 ———— *P. van Gunst* sculps. in-8°. . = 0.50

302 ———— *J. Houbraken* sculps. in-8°. . = 0.40

303 ———— à mi-corps *C. Netscher* pinx. *J. Houbraken* sculps. in-4° . . . . = 1.20

304 *Wijn.* (*H. van*) *H. Pothoven* del. *R. Vinkeles* sculps. in-8°. . . . . = 0.40

305 *Zeebergh.* (*A. van*) *W. Hendrix* del. *R. Vinkeles* sculps. in-8°. . . . . = 0.30

Guerriers de terre et de mer.

306 *Appelman.* (*J.*) *G. Flinck* pinx. *J. Houbraken* sculps. in-4°. . . . . = 0.40

307 *Athlone.* (*G. Comte d'*) *B. Picart* sculps. dir. in-fol. = 0.60

308 ———— *A. Schouman* del. *J. Houbraken* sculps. in 8°. . . . . = 0.40
avant la lettre. . . . . . = 0.60

309 ———— à mi-corps, *G. Kneller* pinx. *J. Smith* fec. et exc. en manière noire in-fol. . . . = 2.80

310 *Bankert.* (*A.*) *A. Schouman* del. *J. Houbraken* sculps. in-8°. . . . . = 0.40

311 *Bentinck Cte. de Portland.* (*W.*) *S. de Bois* pinx. *J. Houbraken* fec. in-8°. . . . . = 0.40
avant la lettre. . . . . . = 0.60

312 ——— (*W. J. G. Baron*) *P. Oets* del. *R. Vinkeles* sculps in-4°. . . . . = 0.50

313 ———— *P. Oets* pinx. *R. Vinkeles* sculps. in-fol. belle épr. . . . . = 2.00

314 *Bergh.* (*H. Cte. de*) sans noms d'art. in-4°. rare. = 0.70

315 ———— *M. Mierevelt* pinx. *W. J. Delff* sculps. in-fol. belle épr. . . . . = 4.00

316 *Bicker.* (*R.*) *B. van der Helst* pinx. *J. Houbraken* sculps. in-8° . . . . *f* 0.40

317 *Boetzelaer.* (*C. Baron de*) *R. Vinkeles* del. et sculps. in-8°. . . . . = 0.30

318 ——————— à mi corps *R. Vinkeles* ad viv. del. et sculps. in-fol. . . . . = 3.00
avant la lettre mais rognée. . = 2.50

319 *Boisot.* (*L. van*) *C. Visscher* del. *J. Houbraken* sculps. in-8° . . . . = 0.40
le même à l'envers. . . = 0.40

320 *Borsele.* (*Jhr. J. van*) *J. Houbraken* sculps in-8° = 0.40

321 *Braam.* (*J. P. van*) *Schmidt* pinx. *R. Vinkeles* sculps. in-8°. . . . . = 0.40

322 ——— (*W. van*) *Craco* del. *R. Vinkeles* sculps. in-8°. . . . . = 0.40

323 *Braak.* (*A.*) *H. Pothoven* del. *R. Vinkeles* sculps. in-8°. . . . . = 0.40

324 *Breederoode.* (*H. Sr. de*) avec quatre vers hollandais de *G. Brandt* in-fol. . . . . = 0.60

325 ——————— *J. Houbraken* sculps. in-4°. = 0.40

326 *Broecke.* (*P. van den*) avec quatre vers hollandais. *F. Hals* pinx. *A. Matham* fec. in-4°. Rare. . . . . . . = 1.40

327 *Brunswijk-Wolffenbuttel.* (*L. Duc de*) *A. Schouman* del. *J. Houbraken* sculps. in-8°. . . . . = 0.30

328 ——————————— à l'envers par le même in-fol. . . . . = 1.00
avant la lettre. . . . . . = 1.40

329 *Burg.* (*A. C.*) *P. Moreelse* pinx. *J. Houbraken* sculps. in-4°. . . . . = 0.40
avant la lettre. . . . . = 0.60

330 *Busch.* (. .) Général-major *P. Velijn* sculps. gr. in-8°. épr. avant la lettre. . . . . = 1.20

331 *Callenburg.* (*G.*) *J. Vollevens* pinx. *P. Tanjé* sculps. in-fol. . . . . = 1.20

332 *Coehoorn.* (*Menno Baron de*) *Netscher* pinx. *J. Houbraken* sculps. in-8°. . . . . = 0.40

333 *Couck.* (*J.*) avec six vers hollandais de *H. van Elvervelt. J. M. Quinkhard* pinx. *J. Houbraken* sculps. in-fol. = 1.20

334 *Daendels.* (*H. W.*) *Hodges* del. *R. Vinkeles* sculps. in-8°. . . . . = 0.30

335 ——————— *E. Maaskamp* pinx. *C. H. Hodges* sculps. en man. noire gr. in-fol. . . . . . . = 1.90

336 *Does.* (*Jhr. J. van der*) *C. de Visscher* sculps. gr. in-fol. Basan 48. . . . . = 4.00

337 *Le même. Pothoven* del. *J. Houbraken* sculps. in-4°. . . . . *f* 0.70

338 ———— *Visscher* del. *J. Houbraken* sculps. in-8°. . . . . = 0.30

339 *Dopff. D. W. van) P. Schenk* fec. en manière noire in-fol. . . . . = 1.40

340 *Egmondt. (Lamoral Cte. d')* avec quatre vers hollandais de *G. Brandt* in-fol. . . . . = 0.60

341 ———— *J. Houbraken* sculps. in-4°. . . . . , = 0.40

342 *Evertsen. (C.)* Vice-amiral. *A. Schouman* del. *J. Houbraken* sculps in-8°. . . . . = 0.40

343 ———— *(J.)* Lt.-amiral. *A. Schouman* del. *J. Houbraken* sculps. in-4°. . . . . = 0.40

344 ———— *(G.)* Lt.-amiral. *A. Schouman* del. *J. Houbraken* sculps. in-4°. . . . . = 0.40

345 ———— *(K.)* Lt.-amiral *A. Schouman* del. *J. Houbraken* sculps. in-8°. . . . . = 0.40

346 ———— *(K.)* Lt.-amiral (autre) *A. Schouman* del. *J. Houbraken* sculps. in 4°. . . . . = 0.40

347 *Fagel. (F. N.) A. Schouman* del. *J. Houbraken* fec. in-8° . . . . = 0.30

348 *Florisz. (P.) J. Houbraken* sculps. in-8°. . . . = 0.40

349 *Galen. (J. van) Livius* pinx. *J. Houbraken* fec. in-8°. = 0.40

350 *Gend. (W. J. van) A. Schouman* del. *J. Houbraken* fec. in-8°. . . . . = 0.30

351 *Goens. (R. van) M. Balen* del. ad. effig. in-fol. = 0.70

352 *Gordon. (O. D.)* Colonel commandant de l'association militaire Pro Patria et Libertate à Utrecht, à la tête de son régiment à mi-corps. *C. van Cuijlenburgh* ad viv. del. 1784 (*C. H. Hodges* sculps.) en manière noire in-fol. Beau et rare. . . . . = 3.00

353 ———— en buste *R. Vinkeles* sculps. in-8. = 0.30

354 *Goudoever. (J. van) T. Ekels* pinx. *R. Vinkeles* sculps. in-8°. . . . . = 0.30

355 ———— par les mêmes in-fol. . . . = 1.80

356 *Grave. (H.) N. Verkolje* pinx. *J. Houbraken* sculps. in-4°. . . . . = 0.40

357 ———— par les mêmes in-fol. . . . . = 2.00

358 *Gumoëns. (N. F. E. de) Smit* pinx. *Vintcent* lithogr. avec une représent. de sa tombe. *F. L. Huijgens* sculps. 2 F. in-fol. . . . . = 1.20

359 *Hasselaer.* (*Kenau Simons*) *H. Pothoven* del. *J. Houbraken* fec. in-8°. . . . . *f* 0.30

360 ——— (*N.*) *H. Pothoven* del. *J. Houbraken* sculps. in-8°. . . . . ≠ 0.30

361 *Heemskerk.* (*J. van*) *A. Schouman* del. *J. Houbraken* sculps. in-4°. . . . . ≠ 0.50

362 *Hein.* (*P. Pz.*) *A. Schouman* del. *J. Houbraken* sculps. in-8°. . . . . ≠ 0.40

363 ——— lithogr. de la société des beaux arts. in-fol. . . . . ≠ 1.00

364 *Hohenlo.* (*Ph. Cte. de*) in-fol. sans noms d'art. ≠ 0.60

365 *Hoorn.* (*Ph. de Montmorency Cte de*) avec quatre vers hollandais de *G. Brandt* in-fol. . . . . ≠ 0.60

366 ——— *J. Houbraken* sculps. in-4°. . . . . ≠ 0.40
avant la lettre. . . . . ≠ 0.50

367 *Hulft.* (*G.*) avec six vers de *J. van Vondel. G. Flinck* pinx. *A. Blooteling* sculps. in-fol. . . . . . . ≠ 2.00

368 *Hulst.* (*A. van der*) avec huit vers latins de *H. Menslage. Jan de Visscher* sculps. gr. in-fol. . . , . . . ≠ 4.00

369 ——— *J. Houbraken* sculps. in-8°. ≠ 0.40

370 *Keulen.* (*B. C. van*) *A. Delfos* del. *J. Houbraken* sculps. in-8°. . . . . ≠ 0.40

371 *Kinsbergen.* (*Chevalier de*) *H. Pothoven* del. *R. Vinkeles* sculps. in-8°. . . . . ≠ 0.40

372 ——— *J. F. Burckman* del. *R. Vinkeles* sculps. in-8°. . . . . ≠ 0.40

373 ——— *C. H. Hodges* pinx. *J. P. Lange* sculps. in-fol. Belle épreuve avant la lettre. . . . ≠ 3.50

374 *Kok.* (*F. B.*) *H. Pothoven* del. *J. Houbraken* sculps. in-4°. . . . . , ... ≠ 0.40

375 *Krul.* (*W.*) *Heinsius* pinx. *L. Portman* sculps. in-8°. ≠ 0.60

376 *Mansfeldt.* (*P. E. Cte de*) in-fol. . . . . . . ≠ 0.60

377 ——— (*E. Cte de*) *A. van Dijk* pinx. *R. van Voerst* sculps. in-fol. . . . . ≠ 1.20

378 ——— *Mierevelt* pinx. *W. J. Delff* sculps. in-fol. Belle épr. . . . . . , ... ≠ 4.00

379 *Meppel.* (*J. C.*) *Pierson* pinx. *J. Houbraken* sculps. in-4°. . . . . , . . ≠ 0.50

380 *Meurs.* (*A. Cte de*) in-fol. . . . . ≠ 0.60

381 *Moor.* (*J. de*) *A. Schouman* del. *J. Houbraken* fec. in-8°. . . . . ≠ 0.40

382 *Oorthuis.* (*G.*) *N. Muijs* del. *R. Muijs* sculps. in-fol. ≠ 1.00

383 *Poll.* (*J. van de*) *J. Houbraken* fec. in-4o. . *f* 0.40
avant la lettre. . . . . . ≈ 0.60

384 *Rabenhaupt.* (*C.*) à mi-corps *L. Visscher* fecit. gr. in-fol. épr. doublée. . . . . , ... ≈ 2.00
en belle épreuve. . . . . ≈ 6.00

385 ——————— plus petit, sans noms d'art. *H. Sweerts* exc. 1673 in-fol. . . . . ≈ 2.40

386 *Rechteren. A. H. Cte de*) *R. Koets* pinx. *J. Houbraken* sculps. in-8o. . . . . ≈ 0.40

397 *Rossum, Sr. de Pouderoijen.* (*M. van*) *H. Pothoven* del. *J. Houbraken* sculps. in-8o. . . . . ≈ 0.40

388 *Ruijkhaver.* (*N.*) *J. Houbraken* sculps. in-4o. . ≈ 0.40

389 *Ruijter.* (*M. A. de*) *J. M. Quinkhard* pinx. *J. Houbraken* sculps. in-4o. . . . . , . ≈ 0.60

390 ——————— *B. Picart* sculps. dir. in-fol. ≈ 0.90

391 ——————— lithogr. de la société des beaux arts. gr. in-fol. . . . . ≈ 1.40

392 *Rijssel.* (*A. van*) *R. Vinkeles* fec. in-8o. . . . ≈ 0.40

393 *Schrijver.* (*C.*) *Pothoven* del. *J. Houbraken* sculps. in-8o. . . . . ≈ 0.40
avant la lettre. . . . . ≈ 0.60

394 *Speelman.* (*C.*) avec six vers hollandais de *J. Steendam. A. Blooteling* sculps. in-fol. . . . . ≈ 1.50

395 ——————— *M. Balen* del. ad. effig. in-fol . ≈ 0.70

396 *Staringh.* (*E. C.*) *T. N.* pinx. *R. Vinkeles* sculps. in-8o. . . . . ≈ 0.40

397 *Sweers.* (*J.*) *J. Houbraken* sculps. in-8o. . . . . ≈ 0.40

398 *Treslong.* (*W. van Blois van*) Lt.-amiral. in-fol. ≈ 0.70

399 ——————— *L. Moritz* del. *R. Vinkeles* sculps. in-8o. . . . . ≈ 0.40

400 *Tromp.* (*M. H.*) *B. Picart* dir. in-fol. . . . . ≈ 1.50

401 ——— (*K.*) *A. Schouman* del. *J. Houbraken* sculps. in-8o. . . . . ≈ 0.40

402 *Vleertman.* (*W.*) *J. Boonen* pinx. *J. C. Philips* sculps. in-8o. . . . . ≈ 0.60

403 *Vlugh.* (*D.*) à mi-corps, avec huit vers hollandais de *G. Brandt. H. Barij* sculps. gr. in-fol. belle épr. . ≈ 4.00

404 *Vries.* (*T. H. de*) *G. van Eeckhout* del. *J. Houbraken* sculps. in-4o. . . . . ≈ 0.40

405 *Wassenaer Sr. d'Obdam.* (*Jhr. J. van*) *Hondhorst* pinx. *J. Suijderheef* sculps. in-fol. . . . . ≈ 3.00

406 ——————— *B. Picart* sculps. dir. in-fol. . . . . ≈ 0.70

407 *Le même. J. Houbraken* fec. in-8°. . . . . . = 0.40

408 *Wassenaer. (U. W. van) G. de Marées* pinx. *J. Houbraken* sculps. in-8°. . . . . = 0.40

409 *Witsen. (C. J.) B. van der Helst* pinx. *J. Houbraken* sculps. in-8°. . . . . = 0.30

410 *Winter. (J. W. de) Sicardi* del. *Vinkeles* sculps. in-8°. . . . . = 0.30

411 *Witt. (C. de) B. Picart* sculps. dir. in-fol. . . = 0.80

412 ——————— *J. Houbraken* sculps. in-8°. . . = 0.40

413 *Zoutman, (J. A.) de la Croix* del. *R. Vinkeles* sculps. in-8°. . . . . = 0.40

414 ——————————— avec changement par les mêmes in-8°. . . . . = 0.40

Jurisconsultes.

415 *Barbeijrac. (J.) J. Wandelaar* ad vivum delin. *J. Houbraken* sculps. in-fol. . . . . = 1.00

416 *Beeckerts à Thienen. (A.) J. D. Vos* pinx. *J. Suijderhoef* sculps. in-fol. . . . . = 3.00

417 *Buijesius. (J.)* avec six vers latins de *H. Grotius. Ravesteijn* pinx. *W. J. Delff* sculps. in-fol. . . . . = 2.00

418 *Deckher. (J.) N. van der Horst* del. *C. Galle* fec. in-fol. . . . . = 1.00

419 *Grotius. (H.)* avec quatre vers latins de *D. Heinsius. M. Mierevelt* pinx. *W. J. Delff* sculps. in-fol. . . . = 1.00

420 —————— avec huit vers hollandais de *J. van Vondel. J. Houbraken* sculps. in-fol. . . . . = 1.00

421 *Hoogeveen. (G. van) T. Matham* fec. in-4°. . = 0.90

422 *Leeuwen. (S. van)* sans noms d'art. in-4°. . . = 0.90

423 *March. (F. A. van der) R. Vinkeles* sculps. in-4°. = 0.30

424 *Maestertius. (J.)* avec quatre vers latins de *C. van Kinschot. N. van Negre* pinx. *J. Suijderhoef* sculps. in-fol. . . . . = 4.00

425 *Neuhusius. (R.) van Bergh* pinx. *J. Suijderhoef* sculps. in-8°. . . . . = 0.30

426 *Noodt. (G.) G. Valck* fecit in-fol. . . . . . . = 0.60

427 *Rücker. (J. C.) H. van der Mij* pinx. *J. Houbraken* sculps. in-fol. belle épr. . . . . = 1.30

428 *Vinnius. (A.)* avec huit vers latins de *M. Boxhorn. Bordieu* pinx. *C. Danckerts* et *J. Lauwijck* exc. in-fol. . . = 3.00

429 *Vitriarius. (J. J.)* avec six vers latins de *H. Snakenburg,*

H. van der Mij pinx. *J. Houbraken* sculps. in-fol. Un des chefs-d'oeuvre de *Houbraken*. . . . . *f* 3.50
épreuve avant les vers. . . = 4.50

430 *Voorda.* (*B.*) *Pothoven* del. *R. Vinkeles* sculps. in-8°. = 0.40

431 *Vrijhoff.* (*H. G. van*) avec quatre vers hollandais de *P. Zweerts. C. Troost* pinx. *J. Houbraken* sculps. in-fol. belle épr. . . . . = 1.20

432 *Westenberg.* (*J. O.*) *LaCourt* del. *J. Houbraken* sculps. in-fol. . . . . = 1.00

433 *Winsemius.* (*P.*) avec huit vers latins de *H. Neuhusius. J. Suijderhoef* sculps. in-fol. . . . . = 1.40

434 *Wissenbach.* (*J. J.*) avec quatre vers latins de *C. Schotanus. Crispin de Pas* ad vivum del. in-fol. Rare. . . . = 3.00

Naturalistes. Médecins.

435 *Albinus.* (*B. S.*) *C. de Moor* pinx. *J. Houbraken* sculps. in-fol. . . . . = 1.20

436 *Barlaeus.* (*C.*) avec huit vers latins de *A. Jonstonus. J. Sandrart* del. *T. Matham* sculps. in-fol. . . . . = 2.00

437 *Beverwijk.* (*J. van*) *V. de Geest* pinx. *J. Suijderhoef* sculps. in-4°. . . . . = 0.50

438 *Bidloo.* (*G.*) avec quatre vers latins de *J. Six. G. de Lairesse* pinx. *A. Blooteling* sculps. gr. in-fol. . . . . . = 5.00

439 *Burmannus.* (*J.*) avec huit vers latins de *J. P. d'Orville. Quinkhard* pinx. *J. Houbraken* sculps. in-fol. . = 1.20

440 *Camper.* (*P.*) *R. Vinkeles* ad viv. del. et sculps. in-fol. . . . . = 1.40

441 ——————— par le même in-8°. . . . . . = 0.30

442 *Dekkers.* (*F.*) *C. de Moor* pinx. *P. van Gunst* sculps. in-fol. . . . . = 1.00

443 *Forestus.* (*P.*) *H. Goltzius* fec. in-8°. Bartsch 169. belle épreuve. . . . . = 1.70

444 *Geuns.* (*M. van*) *T. S.* pinx. *L. A. Claessens* sculps. in-fol. . . . . = 1.10

445 *Gorter.* (*M. de*) *Quinkhard* pinx. *J. Houbraken* sculps. in-fol. . . . . = 1.50

446 *Gravesande.* (*G. J. 's*) *J. Wandelaar* del. *J. Houbraken* sculps. in-fol. . . . . = 1.00

447 *Nieuwenhuijzen.* (*M.*) *T. de Roode* sculps. in-8°. = 0.50

448 *Oosterdijk Schacht Hz.* (*J.*) avec huit vers latins de *P. Burman. Quinkhard* pinx. *P. Tanjé* sculps. in-fol. = 1.00

449 *Pasteur.* (*J. D.*) *R. Vinkeles* del. et sculps. in-8°. = 0.40

450 *Regius.* (*H.*) avec dix vers latins de *A. Caesellius. H. Bloemaert* pinx. *T. Matham* sculps. in-fol. sup. épr. *f* 3.40

451 *Ruijsch.* (*F.*) *J. Pool* pinx. *P. Schenk* fec. en manière noire in-fol. . . . . ≠ 1.40

452 *Seba.* (*A.*) il est assis à une table où se trouvent des coquillages. *Quinkhard* pinx. *J. Houbraken* sculps. gr. in-fol. Un chef d'oeuvre de Houbraken. . . . . ≠ 4.00

453 *Silteman.* (*R.*) avec quatre vers latins de *P. Casteleijn* et quatre vers hollandais de *J. Storm. P. Schenk* ad viv. fec. et exc. en manière noire in-fol. . . . . ≠ 1.40

454 *Thomasius.* (*G.*) avec huit vers latins de *J. Broukhusius. P. Schenk* fec. et exc. en manière noire in-fol. . ≠ 1.60

455 *Tulp.* (*N.*) *Rembrandt* pinx. *J. Houbraken* sculps. in-4°. . . . . ≠ 0.50

Théologiens.

456 *Aa.* (*C. C. H. van der*) *Marinkelle* pinx. *J. Houbraken* sculps. in-8°. . . . . ≠ 0.40

457 *Alberti.* (*E. F.*) *J. Buijs* pinx. *J. Houbraken* sculps. in-fol. . . . . ≠ 1.00

avant la lettre. . . . . . . ≠ 1.50

158 ——— (*J.*) *F. Decker* pinx. *J. Houbraken* sculps. in-fol. . . . . ≠ 1.20

459 *Altstein.* (*J. G. E.*) *Ph. Endlich* ad viv. del. et sculps. in-fol. . . . . ≠ 1.50

avant la lettre. . . . . . ≠ 1.80

460 *Antonides.* (*T.*) avec quatre vers hollandais de *W. Cransen.* sans noms d'art. in-fol. . . . . ≠ 1.00

461 *Arminius.* (*J.*) avec six vers hollandais de *G. Brandt* in-4°. . . . . ≠ 0.60

462 *Arxhouck.* (*J. van*) avec six vers hollandais de *A. Andriessen P. Oets* pinx. *J. Houbraken* sculps. in-fol. . . . ≠ 1.50

463 *Baldeus.* (*P.*) avec deux vers hollandais. *A. Blooteling* sculps. in-fol. . . . . ≠ 1.80

464 *Barlaeus.* (*C.*) avec six vers de *J. van Vondel. P. Sluijter* sculps. in-4°. . . . . ≠ 0.60

465 ————— avec quatre vers hollandais de *J. Nomsz* in-fol. . . . . ≠ 1.20

466 *Basnage.* (*J.*) *J. Holshalp* pinx. *P. van Gunst* sculps. in-fol. . . . . ≠ 1.00

467 ————— *J. Ledeboer* del. et fecit in-fol. . ≠ 1.00

468 *Batelier.* (*J.*) avec six vers hollandais de *G. Brandt. J. Westerbaen* pinx. *H. Barij* sculps. in-fol. . . . ≠ 1.70

469 *Beenius.* (*J.*) avec six vers latins. *H. van Vliet* pinx. *J. Suijderhoef* sculps. gr. in-fol. . . . . *f* 5.50

470 *Bekker.* (*B.*) avec six vers hollandais *Z. Webber* pinx. *P. van Gunst* sculps. in-fol. . . . . ≈ 0.60

471 *Beukelman.* (*J.*) avec huit vers hollandais de *J. van Spaan P. M. Brasser* pinx. *P. Tanjé* sculps. in-fol. . ≈ 1.00

472 *Binnevest.* (*D. S. van*) *H. Pothoven* del. *J, Houbraken* sculps. in-8°. . . . . ≈ 0.40

473 *Bloemaert.* (*A. A.*) avec huit vers de *J. van Vondel. J. ver Spronck* pinx. *J. Suijderhoef* sculps. in-fol. . . . ≈ 3.00

474 *Bois.* (*P. du*) *J. Gole* fecit en manière noire in-fol. ≈ 1.00

475 *Bogardus.* (*J.*) avec six vers latins de *T. Schrevelius* et six vers hollandais de *D. van Hoornbeeck* in-fol. . ≈ 1.40

476 *Bogerman.* (*J.*) avec quatre vers hollandais de *J. Brandt. B. Bos* exc. in-4°. . . . . ≈ 0.60

477 *Born.* (*H. van*) avec des vers latins, hollandais et allemands *Maes* pinx. *A. Blooteling* fecit en manière noire in-fol. sup. épr. . . . . ≈ 3.00

478 *Brakel.* (*Th. van*) *J. Verkolje* fecit en manière noire in-fol. superbe épreuve. . . . . ≈ 5.00

479 ——— (*W. van*) fils du précédent. *H. Car* pinx. *J. Houbraken* sculps. in-4°. . . . . ≈ 0.50

480 *Brandt.* (*G.*) avec quatre vers hollandais de *A. Moonen. M. Musscher* pinx. *P. van Gunst* sculps. in-4°. . ≈ 0.50

481 *Brandt le Jeune.* (*G.*) avec six vers hollandais de *J. Antonides van der Goes. M. Musscher* pinx. *J. Munnickhuijsen* sculps. in-4°. . . . . ≈ 0.60

482 ——————— avec six vers hollandais de *J. Oudaan* sans noms d'art. in-fol. Rare. . . . . ≈ 2.50

483 ——————— en manière noire sans noms d'art. in-4°. . . . . ≈ 1.00

484 ——— (*J.*) avec quatre vers hollandais de *C. Bruin. C. Lubienietzki* pinx. *J. Houbraken* sculps in-4°. . ≈ 0.60

485 ——— (*K.*) avec quatre vers holandais de *P. Bos. M. Musscher* pinx. *P. van Gunst* sculps. in-4°. . . . ≈ 0.50

486 ——— avec quatre vers hollandais de *C. Bruin. J. Houbraken* sculps. in-4°. . . . . ≈ 0.60

487 *Budde.* (*W.*) avec huit vers hollandais de *R. Schutte. H. Pothoven* del. *J. Houbraken* sculps. in-fol. . . . ≈ 1.30

488 *Burman.* (*F.*) *Quinkhart* pinx. *J. Houbraken* sculps. in-fol. belle épr. . . . . ≈ 2.40

489 *Capitein.* (*J. E. J.*) avec quatre vers hollandais de *B. Rijser. F. van Bleijswijck* fecit in-fol. . . . . ≈ 1.20

490 *Cassander.* (*G.*) avec six vers hollandais de *G. Brandt* in-4°. . . . . *f* 0.60
dans une bordure allégorique. . . ≈ 0.60

491 *Chais.* (*C.*) *Liotard* pinx. *J. Houbraken* sculps. in-4°. . . . . ≈ 0.60

492 *Chatelain.* (*H.*) *L. F. du Bourg* del. *P. Tanjé* sculps. in-4°. . . . . ≈ 0.40

493 *Coccejus.* (*J.*) avec quatre vers latins de *Gronovius. A. Palamedes* pinx. *A. Blootelingh* sculps. in-fol. . ≈ 1.60

494 ———————— sans noms d'art. *W. de Broen* exc. in-fol. . . . . ≈ 3.00

495 *Cornelij.* (*A.*) avec six vers latins et six vers hollandais. *Miereveldt* pinx. *W. J. Delff* sculps. in-fol. . . ≈ 1.60

496 *Courtonne.* (*P. J.*) *P. F. D. la Croix* pinx. *J. Houbraken* sculps. in-4°. . . . . ≈ 0.70

497 *Crachtius.* (*S.*) avec quatre vers de *J. van Vondel. J. Spilberge* pinx. *Th. Matham* sculps. in-fol. . . . . ≈ 1.00

498 *Cremer.* (*B. S.*) avec huit vers hollandais de *R. Schutte. Quinkhardt* pinx. *J. Houbraken* sculps. in-fol. superbe épreuve. . . . . ≈ 2.00

499 *Cuchlinus.* (*J.*) *H. Pothoven* del. *J. Houbraken* sculps. in-4°. . . . . ≈ 0.40
avant la lettre. . . . . . ≈ 0.60

500 ———————— *C. F. Fritsch* sculps. in-4°. . ≈ 0.30

501 *Curtenius.* (*P.*) avec quatre vers latins de *B. Sieben. Quinkhard* pinx. *J. Houbraken* sculps. in-fol. . . . . ≈ 1.40

502 *Dieu.* (*L. de*) avec huit vers latins de *M. Z. Boxhorn. P. Dubordieu* pinx. *J. Suijderhoef* sculps. in-fol. . ≈ 3.00

503 *Cats.* (*C.*) à mi-corps, assis à une table où se trouvent des livres et un crucifix. *J. de Visscher* fecit. gr. in-fol. belle épreuve. . . . . ≈ 6.00

504 *Cornelisz.* (*J.*) ministre des Mennonites, à mi-corps avec six vers hollandais. *C. de Visscher* ad vivum delin. *F. H. van den Hoove* sculps. in-fol. On joint ce beau portrait à l'oeuvre de *Visscher.* . . . . ≈ 4.00

505 *Duifhuis.* (*H.*) avec huit vers de *G. Brandt.* in-4°. ≈ 0.30

506 *Dumont.* (*G.*) *P. Tanjé* sculps. in-4°. épreuve avant la lettre. . . . . ≈ 0.90

507 *Elsner.* (*G. M.*) avec six vers de *J. van Nuijssenburg. J. Augustini* pinx. *J. Houbraken.* sculps. in-fol. . ≈ 1.20
superbe épreuve sur satin. . ≈ 3.50

508 *Elzevier.* (*A. J.*) *Quinkhard* pinx. *J. Houbraken* sculps. in-fol. . . . . ≈ 1.60

509 *Elzevier.* (*P.*) *Quinkhard* pinx. *J. Houbraken* sculps. in-fol. . . . . *f* 1.60

510 *Engelberts.* (*E. M.*) *J. Buijs* pinx. *R. Vinkeles* sculps. in-8°. . . . . ≠ 0.40

511 *Engels.* (*F. C.*) avec six vers allemands. *G. Spinnij* pinx. *J. Houbraken* sculps. in-fol. . . . . ≠ 1.80

512 *Ens Cz.* (*J.*) *P. Tanjé* sculps. in-4°. avant la lettre. ≠ 1.00

513 *Episcopius.* (*S.*) avec six vers hollandais de *P. van Limborg. P. Sluijter* sculps. in-4°. . . . . ≠ 0.70

514 *Erasmus.* (*D.*) avec six vers hollandais de *G. Brandt. H. Barij* sculps. in-4°. . . . . ≠ 0.80

515 ——— *C. Pronk* del. *J. Houbraken* sculps. in-8°. ≠ 0.40

516 *Essen Jz.* (*E. P. G. van*) avec des vers de *van Schelluijne* et *Cremer. H. Pothoven* del. *J. Houbraken* sculps. in-fol. . . . . ≠ 1.60

avant la lettre. . . . . . ≠ 2.00

517 *Fabricius.* (*F.*) avec huit vers latins de *H. Snakenburg. C. de Moor* pinx. *P. van Gunst* sculps. in-fol. . . . ≠ 1.20

518 *Folmer* (*H. J.*) *J. Houbraken* sculps. in-8°. . . ≠ 0.30

519 *Frieswijk.* (*B.*) *Schmidt* del. *M. D. Sallieth* fec. in-fol. avant la lettre. . . . . ≠ 1.60

520 *Garel.* (*H. van*) avec huit vers hollandais de *C. Brandt. D. van der Smissen* pinx. *G. Sebelius* sculps. in-fol. ≠ 1.00

521 ——— *J. Houbraken* sculps. gr. in-fol. ≠ 1.60

avant la lettre. . . . . ≠ 2.00

522 *Gerdes.* (*D.*) avec huit vers latins de *G. L. Rhodius. Quinkhard* pinx. *J. Houbraken* sculps. in-fol. . ≠ 1.40

523 *Gerritsz.* (*L.*) avec six vers hollandais. *Mierevelt* pinx. *W. Delff* sculps. in-4°. rare. . . - . . . . ≠ 1.20

524 *Girardot.* (*C.*) avec quatre vers français. *P. Jouffroij* pinx. *N. N.* sculps. in-4°. . . . . ≠ 0.70

avant la lettre. . . . . . ≠ 1.00

525 *Gomarus.* (*F.*) avec six vers hollandais de *G. Brandt* (*J. de Visscher* sculps.) in-4°. . . . . ≠ 0.70

527 *Graevius.* (*J. G.*) avec six vers latins de *D. van Hoogstraten. G. Hoet* pinx. *G. Valck* sculps. in-fol. . . . . ≠ 1.20

528 *Grevinkhoven.* (*N.*) avec quatre vers hollandais de *J. Brandt.* in-4°. . . . . ≠ 0.60

529 *Gribius.* (*P.*) avec des vers latins et hollandais de *C. J. Velze* et *R. Boitet. T. van der Wilt* pinx. *J. C. Philips* del. et sculps. in-fol. . . . . - 1.20

530 *Groot.* (*H. de*) avec six vers hollandais de *G. Brandt.* in-4°. . . . . ≠ 0.70

531 *Guijot.* (*J.*) *LaCroix* pinx. *J. Houbraken* sculps. in-8o. *f* 0.40

532 *Haganaeus.* (*Th.*) avec dix vers hollandais de *A. van Assendelft. J. Augustini* pinx. *J. Houbraken* sculps. in-fol. = 1.20

533 *Hamelsveld.* (*IJ. van*) avec quatre vers de *A. Simons. R. Vinkeles* ad viv. del. et sculps. in-8o. . . . . . = 0.30

534 *Heidanus.* (*A.*) avec huit vers latins. *J. A. Livens* pinx. *A. Blooteling* sculps. in-fol. . . . . = 2.00

535 *Hellinx.* (*Th.*) avec six vers hollandais. *J. Greenwood* pinx. *B. de Bakker* sculps. in-8o. . . . . = 0.40

536 *Hendrickzen.* (*J.*) avec des vers hollandais de *J. Zoet. C. de Pas* delin. in-fol. . . . . = 1.00

537 *Hermssen.* (*H.*) avec quatre vers hollandais de *J. van Boskoop. A. Boon* del. *J. Houbraken* sculps. in-8o. = 0.40

538 *Hinlopen.* (*J.*) *Pothoven* del. *J. Houbraken* sculps. in-8o. . . . . = 0.30

539 *Hofstede.* (*P.*) *D. Bruijninx* del. *J. Houbraken* sculps. in-fol. . . . . = 0.50

540 *Hogerwaard.* (*W.*) avec huit vers hollandais de *H. Meijer. Quinkhard* pinx. *J. Houbraken* sculps. in-fol. . = 1.00

541 *Homma.* (*L.*) *W. Vaillant* fec. en manière noire in-fol. belle épr. . . . . = 3.40

542 *Honert.* (*T. H. van den*) avec six vers latins de *P. Francius. A. Boonen* pinx. *P. van Gunst.* sculps. in-fol. = 1.00

543 ——————————— avec huit vers latins de *H. Snakenburg. H. van der Mij* pinx. *J. Houbraken* sculps. in-fol. . . . . = 1.00

544 *Hoornbeeck.* (*J.*) *J. Suijderhoef* sculps. in-fol. . = 3.00

545 *Houbakker.* (*J.*) avec six vers hollandais de *J. Bremer. J. le Blon* pinx. *J. Houbraken* sculps. in-4o. . . . = 0.50

546 *Houthoff.* (*C.*) avec huit vers hollandais de *J. W.* — *J. Wandelaar* del. *J. Houbraken* sculps. in-fol. . . . . = 0.80

547 ——————— à mi-corps avec des vers latins et hollandais de *J. Verburg.* et *A. Hoogvliet. Quinkhart* pinx. *J. Houbraken* sculps. gr. in-fol. . . . . = 1.50

548 *Hovius.* (*J.*) avec huit vers hollandais de *H. van der Meer.* sans noms d'art. (*C. de Visscher* sculps.) in-fol. Rare. = 4.50

549 *Hubert.* (*H.*) *S. Troost* pinx. *J. Houbraken* sculps. in-fol. . . . . = 1.60

550 *Iperen.* (*J. van*) *H. Pothoven* del. *J. Houbraken* sculps. in-8o. . . . . = 0.40

551 *Junius.* (*F.*) avec huit vers hollandais de *G. Brandt.* in-4o. . . . . = 0.60

552 ——————— dans une bordure allégorique. . . = 0.60

553 *Junius.* (*R.*) avec des vers latins et hollandais de *A. Montanus* et *H. F. Waterloos. C. de Visscher* del. et sculps. A°. 1654. *Basan* 32. . . . . *f* 4.90

554 *Kattenburgh.* (*A. van*) avec huit vers hollandais de *G. van Zonhoven. J. Wandelaar* del. *J. Houbraken* sculps. in-fol. . . . . = 0.80

555 *Kempis.*(*Thomas à*) *F. Bloemaert* sculps. in-fol. rare. = 3.00

556 *Kist.* (*E.*) *J. Schouman* pinx. *P. Velijn* sculps. gr. in-4°. . . . . = 1.20

557 *Klap.* (*J.*) *J. Houbraken* sculps. in-fol. épreuve avant la lettre. . . . . = 2.00

558 *Klepperbein.* (*W. A.*) *Quinkhard* pinx. *J. Houbraken* sculps. in-fol. . . . . = 1.40

559 *Klinkenberg.* (*J. van Nuijs*) *H. Pothoven* del. *J. Houbraken* sculps. in-4°. . . . . = 0.50

560 *Koopmans.* (*R.*) *D. de Hoop* pinx. *P. Velijn* sculps. gr. in-4°. sup. épr. . . . . = 1.60

561 *Krijs.* (*J.*) avec des vers latins et hollandais *J. Wandelaar* del. *J. Houbraken* sculps. gr. in-fol. Très beau. = 4.00

562 *Kulenkamp.* (*G.*) avec huit vers latins de *C. de Cuijper. Quinkhard* pinx. *J. Houbraken* sculps. in-fol. . = 1.60

563 *Laccher.* (*P.*) *J. Suijderhoef* sculps. gr. in-4°. . = 1.70

564 *Langelius.* (*H.*) avec des vers latins et hollandais *F. Hals* pinx. *A. Blootelingh* sculps. gr. in-fol. sup. épr. = 5.00

565 *Lantman.* (*Th.*) *J. de Bane* pinx. *J. de Visscher* sculps. in-fol. Rare. . . . . = 3.00

566 *Lemke.* (*G.*) *J. Houbraken* sculps. in-8°. . . . = 0.30

567 *Leijdecker.* (*M.*) *R. D. la Haije* pinx. *G. Valck* sculps. in-fol. Belle épr. . . . . = 2.00

856 *Leijden.* (*Johan van*) eijn Coninck der Wederdoper, tho Monster waerhaftigh conterfeijting. avec quatre vers latins. *H. Aldegrever* sculps. *Bartsch* 182. Belle épr. avec l'adresse de *F. de Wit.* . . . . = 4.00

569 *Limborch.* (*P. van*) avec six vers latins de *C. Brandt. D. van der Plaats* del. *P. van Gunst* sculps. in-fol. = 0.80

570 *Linden.* (*H. A. van der*) avec treize vers latins. *J. N. Enchus* pinx. *W. Delff* sculps. pet. in-fol. . . . = 2.00

571 *Longas.* (*J. de*) avec quatre vers hollandais. *Quinkhard* pinx. *P. Tanjé* sculps. in-fol. . . . . = 1.10

572 *Loo.* (*H. van*) *H. Pothoven* del. *J. Houbraken* sculps. in-4°. . . . . = 0.50
avant la lettre. . . . . . = 0.70

573 *Lubbers.* (*Th.*) *W. Veltman* del. *J. Houbraken* sculps. in-8°. . . . . = 0.30

574 *Lundius.* (*J.*) avec quatre vers hollandais de *G. Outhof. J. Houbraken* sculps. in-fol. . . . . *f* 0.80

575 *Maire.* (*J. le*) *J. Gole* fec. en manière noire. in-fol. Sup. épr. . . . . = 2.20

576 *Marck.* (*J. van*) avec huit vers latins de *J. Trigland. Court* pinx. *P. Tanjé* sculps. in-fol. . . . . = 1.90

577 *Marron.* (*P. H.*) avec six vers latins de *J. P. Marron. A. Pujos* ad viv del. *P. H. Jonxis* sculps. in-fol. = 0.60

578 *Martinet.* (*J. F.*) *R. Vinkeles* del. et sculps. in-8o. = 0.30

579 *Menno Simons. J. P. Lange* sculps. in-4o. belle épr. = 1.20

580 ——— ——— le même portr. sup. épr. sur papier de Chine, offert au Baron Verstolk de Soelen par le libraire J. Müller . = 2.60

581 ——————— à mi-corps, écrivant dans un livre, qui est devant lui. *Jacob Burghart* faciebat. *Petrus Grooten* exc. avec huit vers allemands. gr. in-fol. Très-rare. = 6.40

592 *Meij.* (*G. de*) avec huit vers hollandais de *J. Cuperus. C. van Diemen* pinx. *H. Barij* sculps. pet. in-fol. = 1.40

583 *Miggrode.* (*J. van*) *J. Houbraken* fecit. in-4o. . = 0.50

584 *Millius.* (*D.*) avec douze vers latins de *J. F. Reitzius. Quinkhard* pinx. *J. Houbraken* sculps. in-fol. . . . = 1.80

585 *Molinaeus.* (*P.*) avec six vers hollandais de *G. Brandt.* in-4o. . . . . = 0.60

586 *Moraeus.* (*P.*) avec quatre vers latins. *W. J. Delff* sculps. in-4o. . . . . = 1.60

587 *Muilman.* (*W.*) avec huit vers latins de son fils. *Serin* pinx. *P. Tanjé* sculps. in-4o. . . . . = 0.60

588 *Mulder.* (*J.*) *Pothoven* ad viv. del. *J. Houbraken* sculps. in-fol. Belle épr. avant la lettre. . . . . = 2.20

589 *Munnekemolen.* (*J.*) avec quatre vers hollandais. *A. Schouman* pinx. *J. Houbraken* sculps. in-fol. . . . . = 1.70

590 *Nahuijs.* (*G. J.*) *H. Pothoven* del. *R. Vinkeles* sculps. in-4o. . . . . = 0.60

591 ——— (*P.*) avec six vers hollandais. *Quinkhard* pinx. *J. Houbraken* sculps. in-fol. . . . . = 1.40

592 *Niellius.* (*K.*) avec quatre vers hollandais de *J. Brandt. J. de Leeuw* sculps. in-4o. . . . . = 0.60

593 *Nieuwland.* (*P.*) avec des vers latins et hollandais. *A. Schouman* del. *J. Houbraken* sculps. in-fol. . . . . = 0.90

594 *Oem.* (*J. S. H.*) *P. Koers* pinx. *J. Houbraken* sculps. gr. in-fol. . . . . = 1.80

595 *Oirschot.* (*A. van*) *C. Bloemaert* sculps. et excu. 1626. in-4o. . . . . = 1.10

596 *Oldenborg.* (*J.*) avec des vers latins et hollandais. *A. Houbraken* pinx. *A. Haelwegh* sculps. in-fol. Sup. épr. = 3.00

597 *Palm.* (*J. H. van der*) *F. C. Bierweiler* del. et sculps. en manière noire. in-4°. . . . . *f* 1.20

598 *Perizonius.* (*R.*) avec six vers hollandais. *Quinkhard* pinx. *J. Houbraken* sculps. in-fol. . . . . ≠ 1.60

599 *Philips.* (*D.*) avec quatre vers hollandais. *C. Koning* sculps. in-4°. . . . . ≠ 1.20

600 *Pietersz.* (*R.*) avec des vers latins et hollandais. *A. van Nieulandt* pinx. *C. van Dalen* sculps. in-fol. Belle épr. ≠ 2.40

601 ——————— plus petit. *J. C. Philips* sculps. in-4°. Belle épr. sur papier de soie. . . . . ≠ 1.00

602 *Plettenbergh.* (*A.*) avec six vers hollandais. *T. Matham* sculps. in-fol. . . . . ≠ 1.60

603 *Plevier.* (*J.*) avec des vers latins et hollandais. *P. van Dijk* pinx. *P. Tanjé* sculps. in-fol. . . . . ≠ 0.90

604 *Poppius.* (*E.*) avec quatre vers de *J. Brandt. P. Sluijter* sculps. in-4°. . . . . ≠ 0.60

605 *Puppius.* (*G.*) avec quatre vers hollandais de *J. Hondius.* sans noms d'art. in-fol. Rare. . . . . ≠ 1.90

606 *Purmerent.* (*P.*) avec quatre vers hollandais. *L. de Jonge* pinx. *Persijn* sculps. in-fol. . . . . ≠ 1.20

607 ——————— (*S.*) *H. van Vliet* pinx. *Persijn* sculps. in-fol. . . . . ≠ 1.20

608 *Ravesteijn.* (*H.*) avec six vers hollandais de *H. L. Noortbergh. H. Bosch* pinx. *J. Houbraken* sculps. in-fol. ≠ 1.60

609 *Rauwertz.* (*J. J.*) avec six vers hollandais de *Th. van Schelluijne. H. Pothoven* delin. *J. Houbraken* sculps. in-fol. ≠ 1.70

610 *Revius.* (*J.*) avec six vers latins de *D. Heinsins. F. Hals* pinx. *J. Suijderhoef* sculps. in-fol. . . . . . . ≠ 2.00

611 *Rolandus.* (*J.*) avec treize vers latins, *F. V. Sambix* scripsit. à l'âge de 80 ans. *C. van der Voort* pinx. *W. Delff* sculps. pet. in-fol. . . . . ≠ 1.30

612 *Roos.* (*J.*) à mi-corps, assis à une table. avec quatre vers latins. *A. van der Werff* pinx. *P. van Gunst* sculps. gr. in-fol. Un des plus beaux portraits de *van Gunst.* ≠ 3.00

613 *Schutte.* (*R.*) *De la Croix* pinx. *J. Houbraken* sculps. in-8°. . . . . ≠ 0.40

614 *Schijn.* (*H.*) avec six vers hollandais de *P. Schmidt. H. van Peene* pinx. *J. Houbraken* sculps. in-4°. . ≠ 0.60

615 *Schrijver.* (*P.*) avec six vers hollandais de *B. de Bosch. A. Folkema* pinx. *J. Folkema* sculps. in-4°. . ≠ 0.60

616 *Serrurier.* (*J. J.*) avec deux vers hollandais. *De la Croix* pinx. *R. Vinkeles* sculps. in-fol. . . . . . . ≠ 1.40

617 *Somer.* (*B.*) *J. Gole* fecit en man. noire. in-fol. sup. épr. ≠ 2.20

618 *Spaan.* (*J. van*) *A. Schouman* del. *J. Houbraken* sculps. in-8°. . . . . *f* 0.40

619 —————— avec huit vers hollandais de *J. E. Voet. de la Croix* pinx. *J. Houbraken* sculps. in-fol. . . . . ≠ 1.40

620 *Spanheim.* (*F.*) avec huit vers latins de *Boxhorn. van Negre* pinx. *C. van Dalen* sculps. in-fol. . . . . . . ≠ 1.80

621 —————— avec seize vers latins de *C. Barlaeus. P. Dubordieu* pinx. *J. Suijderhoef* sculps. in-fol. . ≠ 2.60

622 *Staringh.* (*J. G.*) avec six vers hollandais de *G. Houtam. S. Troost* del. *R. Vinkeles* sculps. in-fol. . . ≠ 1.60
avant la lettre. . . . . ≠ 1.80

623 —————— avec six vers hollandais de *J. W. Bussingh.* sans noms d'art. (*C. H. Hodges* sculps.) en manière noire gr. in-4°. . . . . ≠ 1.50

624 *Strezo.* (*C.*) avec quatre vers hollandais de *A. Houbraken. A. Boonen* pinx. *J. Houbraken* sculps. in-4°. . ≠ 1.10

625 *Strijp.* (*Pater Frans Fransen*) Minderbroeder out 64 jaren. avec quatre vers hollandais. sans noms d'art. Très beau et rare in-4°. . . . . ≠ 1.80

626 *Swalmins.* (*E.*) avec huit vers hollandais. *F. Hals* pinx. *J. Suijderhoef* sculps. in-fol. . . . . ≠ 2.80

627 —————— avec six vers hollandais de *H. Geldorp. Rembrandt* pinx. *Lod. Lodewijcx* exc. in-4°. . ≠ 2.20

628 *Tapper.* (*R.*) avec six vers piquants de *G. Brandt. H. Barij* sculps. in-4°. . . . . ≠ 0.90

629 *Taurijn.* (*J.*) avec huit vers de *G. Brandt. H. Barij* sculps. in-fol. . . . . ≠ 2.20

630 *Temmink.* (*J.*) *Quinkhard* pinx. *J. Houbraken* sculps. in-4°. . . . . ≠ 0.60

631 —————— par les mêmes. avec six vers hollandais de *A. Hoogvliet.* in-fol. . . . . ≠ 1.80

632 *Tetrode.* (*A. van*) avec quatre vers hollandais de *P. Scriverius. F. Grebber* pinx. *C. Coninck* sculps. et exc. in-4°. . . . . ≠ 1.60

633 *Texelius.* (*J.*) avec huit vers hollandais de *D. van Hoogstraten. P. van der Werff* pinx. *P. van Gunst* sculps. in-fol. . . . . ≠ 1.40

634 *Themmen.* (*W.*) avec des vers hollandais de *Voet* et *Broekhof. Wassenbergh* pinx. *J. Houbraken* sculps. in-fol. ≠ 1.40

635 *Til.* (*S. van*) avec des vers latins et hollandais. *A. Houbraken* pinx. *A. van Zijlvelt* sculps. in-fol. sup. épreuve. ≠ 3.20

636 —————— *C. de Moor* pinx. *P. van Gunst* sculps. in-fol. . . . . ≠ 1.40

637 —————— avec huit vers latins de *G. Menthen. C. de Moor* pinx. in-fol. . . . . ≠ 1.70

638 *Tisteijn.* (*C.*) avec huit vers hollandais de *J. Lublink le Jeune. D. van der Smissen* pinx. *J. Houbraken* sculps. in-fol. . . . . *f* 1.40
avant la lettre. . . . . . = 2.00

639 *Trigland.* (*J.*) *V. G.* pinx. *W. Delff* sculps. pet. in-fol. . . . . = 1.20

640 ——— *J. Houbraken* sculps. in-4°. . . . = 0.40
avant la lettre. . . . . . = 0.70

641 *Tijken.* (*J.*) *A. Folkema* pinx. *J. Folkema* sculps. in-fol. . . . . = 1.90

642 *Ubink.* (*Th.*) *G. van Brugge* pinx. *P. van Gunst* sculps. in-fol. belle épr. . . . . = 1.70

643 *Uijtenbogaerdt.* (*J.*) *C. J. Visscher* exc. in-4°. = 0.90

644 ——— avec six vers de *G. Brandt. Joh. de Visscher* sculps. in-4°. . . . . = 0.60

645 ——— *Ravesteijn.* pinx. *J. Houbraken* sculps. in-4°. . . . . = 0.40
avant la lettre. . . . . . = 0.60

646 *Valentijn.* (*F.*) dans un médaillon entouré de figures allégoriques, avec quatre vers latins de *J. Jensius. A. Boonen* eff. pinx. *J. Houbraken* eff. sculps. *G. van der Gouwen* fec. aqua forti in-fol. . . . . = 1.00

647 ——— *A. Houbraken* inv. et pinx. *P. van Gunst* eff. sculps. *G. van der Gouwen* fec. aqua forti in-fol = 1.00

648 *Velingius.* (*W.*) sans noms d'art. *Wed. van Rossum* et *R. van Doesburg* exc. in-fol. . . . . = 1.60

649 *Venema.* (*H.*) avec douze vers latins de *J. Schrader. B. Accama* pinx. *J. Houbraken* sculps. in-fol. . . . = 1.50

650 *Verduin.* (*A.*) avec quatre vers hollandais de *B. de Bosch. J. Wandelaar* del. *J. Houbraken* sculps. in-4°. = 0.70

651 *Visscher.* (*J.*) avec six vers hollandais de son frère. *Mutscher* pinx. *A. Blooteling* sculps. in-fol. . . . . = 2.40

652 ——— (*J.*) descendant du précédent avec des vers latins et hollandais. *Quinkhard* pinx. *J. Houbraken* sculps. in-fol. . . . . = 1.80

653 *Voetius.* (*G.*) sans noms noms d'art. *W. de Broen* exc. in-fol. . . . . = 4.00

654 *Vorstius.* (*C.*) avec seize vers latins de *C. Barlaeus* et douze vers hollandais de *C. van Waerder* sans noms d'art. in-fol. = 2.40

655 ——— (*J. H.*) *Mertens* pinx. *J. Houbraken* sculps. in-fol. . . . . = 1.70

656 *Wachtelaer.* (*J.*) avec quatre vers latins. *J. à Wuc* pinx. *J Bloemaert* sculps. et exc. in-fol. . . . . . . = 1.70

657 *Weslingh.* (*P.*) *Quinkhard* pinx. *J. Houbraken* sculps. in-fol. . . . . *f* 1.40
avant la lettre. . . . . . = 1.70

658 *Wesselius.* (*J.*) avec des vers latins et hollandais. *Quinkhard* pinx. *J. Houbraken* sculps. in-fol. . . . . = 1.60

659 *Wolzogen.* (*L.*) *J. Gole* fec. en manière noire. in-fol. = 1.60

660 *Wijnalda.* (*A. van*) *J. de Wit Jz.* sculps. in-fol superbe épreuve avant la lettre. . . . . = 3.20

Savants en diverses facultés.

661 *Barlaeus.* (*C.*) avec huit vers latins de *A. Jonstonius. J. Sandrart* del. *Th. Matham* sculps. in-fol. . . . = 2.00

662 *Burmannus Sec.* (*P.*) avec huit vers latins de *J. Grotius. Quinkhard* pinx. *J. Houbraken* sculps. gr. in-4°. = 1.20

663 *Cras.*(*H.C.*)*A.deLelie* pinx. *R.Vinkeles* sculps.in-8°. = 0.40

664 *Does.* (*J. van der*) avec deux vers de *Francq van Berkhey. Pothoven* del. *J. Houbraken* sculps. in-4°. . . . = 0.70

665 *Drakenborch.* (*A.*) avec six vers latins de *J. P. d'Orville. Quinkhard* pinx. *J. Houbraken* sculps. gr. in-4°. = 1.40

666 *Dumbar.* (*G.*) avec huit vers latins de *P. Vlaming. G. J. Palthe* pinx. *J. Houbraken* sculps. in-fol. . . . = 1.60

667 *Gebhard.* (*J.*) avec quatre vers latins de *M. Pasor.* sans noms d'art. (*S. van Lamsweerde* del. et sculps.) in-4°. = 1.90

668 *Geuns.* (*M. van*) *H.* pinx. *R. Vinkeles* sculps. in-8°. = 0.40

669 ——— (*S. J. van*) fils du précédent. *R. Vinkeles* fecit. in-8°. . . . . = 0.40

670 *Guijot.* (*H. D.*) avec quatre vers latins de *P. H. Marron. H. W. Caspari* ad viv. del. *Quenedey* sculps. aqua-tinta. gr. in-8°. à ce portrait est ajouté une feuille avec des vers hollandais de *B. H. Lulofs.* . . . . = 1.20

671 *Havercamp.* (*S.*) *F. van Mieris* pinx. *J. Houbraken* sculps. in-fol. . . . . = 1.60

672 *Hemsterhuis.* (*Fr.*) Lith. de Springer à Leide, d'après son buste. . . . . = 0.70

673 *Hulshoff.* (*A.*) *R. Vinkeles* sculps. in-8°. . . . = 0.40

674 *Huttenus.* (*A.*) *G. Flinck* pinx. *H. Barij* sculps. sup. épr. avant la lettre. in-fol. . . . . = 3.40

675 *Koerten.* avec quatre vers hollandais. *C. van Savoy* pinx. *T. Matham* sculps. in-fol. . . . . = 3.70

676 *Langius.* (*N.*) avec six vers latins; sans noms d'art. (*S. van Lamsweerde* del. et sculps.) in-4°. . . . . . = 1.70

677 *Makdowel.* (*G.*) avec quatre vers latins de *F. Junius.* sans noms d'art. (*S. van Lamsweerde* del. et sculps.) in-4°. = 1.70

678 *Meursius.* (*J.*) sans noms d'art. in-8°. . . . . . = 0.60

679 *Meijvarius.* (*F.*) avec six vers latins de *J. Steinbergen. S. van Lamsweerde* delin. et sculps. avec le monogramme. in-4°. . . . . *f* 1.90

680 *Millius.* (*D.*) avec douze vers latins de *J. F. Reitzius. Quinkhard* pinx. *J. Houbraken* sculps. in-fol. . = 1.80

681 *Monaeus.* (*J. C.*) avec six vers latins de *Bucholz.* sans noms d'art. (*S. van Lamsweerde* del. et sculps.) in-4°. = 1.90

682 *Munck.* (*J. de*) assis à une table, il tient un livre et une plume de sa main droite. *J. Palthe* pinx. *J. Houbraken* sculps. in-fol. très-beau portrait. . . . . = 2.90
avant la lettre. . . . . . = 3.60

683 *Offerhaus.* (*L.*) avec quatre vers hollandais de *L. Trip. De Hosson* del. *J. Houbraken* sculps. in-fol. . . . . = 1.90
avant la lettre. . . . . . = 2.50

684 *Olpheris.* (*J.*) *C. de Pas* ad viv. del. in-4°. . = 0.90

685 *Orville.* (*J. P. d'*) avec dix vers latins de *P. Burman le Jeune. Quinkhard* pinx. *J. Houbraken* sculps. in-fol. = 2.10

686 *Pijnacker.* (*C.*) avec quatre vers latins de *H. Neuhusius.* sans noms d'art. (*S. van Lamsweerde* del. et sculps.) in-4°. . . . . = 1.80

687 *Rhunkenius.* (*D.*) *R. Vinkeles* sculps. in-8°. . = 0.40

688 *Roëll.* (*H. A.*) *J. Wandelaar* del. *J. Houbraken* sculps. in-fol. . . . . = 2.70

689 *Schrevelius.* (*Th.*) avec huit vers latins de *C. Barlaeus. F. Hals* pinx. *J. Suijderhoef* sculps. in-4°. . . = 1.40

690 *Schultens.* (*H. A.*) *W. Hendriks* pinx. *R. Vinkeles* sculps. in-8°. . . . . = 0.40

691 *Sladus.* (*C.*) avec huit vers latins. *W. Vaillant* fecit. en manière noire. in-fol. . . . . = 1.90

692 *Struijk.* (*N.*) *Quinkhard* pinx. *J. Houbraken* sculps. in-fol. . . . . = 1.30

693 *Swinden.* (*J. H. van*) *R. Vinkeles* sculps. in-8°. = 0.40

694 *Thuessink.* (*E. J. T. à*) *W. Lubbers* pinx. *L. Portman* sculps. gr- in-fol. superbe épreuve. . . . . . = 3.40

695 *Vossius.* (*G.*) avec huit vers latins de *C. Barlaeus. J. Sandrart* pinx. *Th. Matham* sculps. in-fol. . . . . = 2.00

696 ———————— *A. Bloteling* sculps. in-fol. . . = 3.20

697 ———————— avec les vers de *J. van Vondel. P. Sluijter* sculps. in-4°. . . . . = 0.70

698 *Wesseling.* (*P.*) avec quatre vers latins de *A. Wieling. Quinkhard* pinx. *P. Tanjé* sculps. in-fol. . . = 1.90

699 *Wikenburg.* (*A.*) avec quatre vers latins. *F. Hals* pinx. *J. Suijderhoef* sculps. in-fol. . . . . = 6.40

700 *Zijll.* (*H. van*) *N. Burculo* pinx. *C. de Pas le Jeune* sculps. in-4°. . . . . = 1.40

Historiens. Littérateurs.

701 *Aitzema.* (*L. van*) avec quatre vers latins. *J. de Bane* pinx. *H. Barij* sculps. in-fol. . . . . *f* 1.20

702 *Beeck Calkoen.* (*J. F. van*) *P. C. Wonder* del. *W. van Senus* sculps. in-4o. . . . . = 0.50

703 *Bor. Cz.* (*P.*) avec six vers hollandais de *G. Brandt. F. Hals* pinx. *A. Zijlvelt* sculps. in-fol. . . . . = 0.80

704 ——————— avec quatre vers hollandais. *F. Hals* pinx. *A. Matham* sculps. in-fol. . . . . = 1.10

705 *Boxhorn.* (*M. Z.*) avec huit vers latins de *A. Hofferus. Dubordieu* pinx. *J. Suijderhoef* sculps. in-fol. . . . = 3.00

706 *Bosscha.* (*H.*) et *E. Wassenbergh* sur la même feuille. *Van der Kooi* pinx. *R. Vinkeles* sculps. in-8o. . = 0.30

707 *Buijs.* (*E.*) avec six vers hollandais de *J. Kortebrant. de la Croix* pinx. *J. Houbraken* sculps. in-4o. . . . = 0.90

708 *Damme.* (*P. van*) *H. Pothoven* del. *C. Bogerts* sculps. in-8o. . . . . = 0.40

709 *Goeree.* (*W.*) avec six vers hollandais de *F. Halma. D. van der Plaets* pinx. *P. van Gunst* sculps. in-fol. . = 1.00
avant la lettre. . . . . . = 1.50

710 *Hamelsveld.* (*IJ. van*) avec quatre vers de *A. Simons. R. Vinkeles* del. et sculps. in-8o. . . . . = 0.40
le même sans les vers. . . . = 0.40

711 *Hooft.* ( ) avec quatre vers latins de *H. de Bosch. J. Marinkelle* pinx. *J. Houbraken* sculps. in-8o. . . . = 0.50

712 *Kate Hz.* (*L. ten*) *J. C. Lebton* pinx. *J. Houbraken* sculps. in-4o. . . . . = 0.50
avant la lettre. . . . . . = 0.70

713 *Kolbe.* (*P.*) avec quatre vers hollandais. *J. Houbraken* sculps. in-fol. . . . . = 0.90

714 *Long.* (*J. Le*) *G. Gsell* pinx. *J. Houbraken* sculps. in-4o. . . . . = 0.60

715 *Loon.* (*G. van*) avec quatre vers français. *F. van Mieris* pinx. *J. Houbraken* sculps. in-fol. . . . . = 0.90

716 *Merula.* (*P.*) avec quatre vers latins de *D. Heinsius. A. Matham* fecit in-4o. . . . . = 1.20

717 *Ockerse.* (*W. A.*) *P. Velijn* sculps. in-8o. . . . = 0.40

718 *Reid.* (*E.*) avec six vers latins de *J. J. Pontanus.* sans noms d'art. in-4o. . . . . = 0.70

719 *Stuart.* (*M.*) *R. Vinkeles* ad viv. del. et sculps. in-8o. = 0.50
superbe épr. sur papier de soie bleuâtre. = 1.40

720 *Suikers.* (*G.*) avec six vers latins de *G. van Ewijk. P. van Gunst* sculps. in-fol. . . . . *f* 1.20

721 *Valentijn.* (*F.*) avec huit vers latins de *J. Jensius. A. Boonen* pinx. *J. Houbraken* sculps. avec des ornemens allégoriques par *G. van der Gouwen* à l'eau forte d'après *A. Houbraken* in-fol. . . . . = 1.20

722 ———————— *A. Houbraken* pinx. *P. van Gunst* sculps. in-fol. . . . . = 1.00

723 *Verburg.* (*J.*) avec six vers latins de *D. van Hoogstraten. Quinkhardt* pinx. *P. van Gunst* sculps. in-fol. = 1.20

724 *Wagenaar.* (*J.*) *J. Buijs* pinx. *J. Houbraken* sculps. in-4°. . . . . = 0.70

725 ———————— avec six vers de *J. de Kruijff.* par les mêmes in-fol. . . . . = 1.20

726 *Writs.* (*W.*) *W. Hendriks* del. *L. A. Claessens* sculps. in-4°. . . . . = 0.60

Poètes.

Cette série a été formée et arrangée d'après *Witsen Geijsbeek* et ses continuateurs.

727 *Alphen.*(*H. van*) sans noms d'art. épr. au bistre. in-4°. = 1.10

728 ———————— *P. Velijn* sculps. in-12°. . . . = 0.30

729 ———————— Lithogr. de H. J. Backer. gr. in-8°. = 0.40

730 *Ampsing.* (*S.*) avec huit vers latins de *P. Scriverius. F. Hals* pinx. *J. van der Velde* sculps. in-4°. . . . = 1.40

731 *Anslo.* (*R.*) avec quatre vers de *J. de Haes. G. Flinck* del. *J. Folkema* sculps. in-8°. doublé. . . . . . . = 0.30

732 *Antonides van der Goes.* (*J.*) avec six vers de *D. van Hoogstraten. P. Schenk* fec. et exc. en manière noire. in-4°. = 1.80

733 ———————————— avec quatre vers du même. *L. Bakhuizen* pinx. *P. van Gunst* sculps. in-4°. = 0.70

734 ———————————— sans noms d'art. in-18°. rare. . . . . = 0.80

735 *Baerle.* (*C. van*) avec six vers latins. *D. Bailly* del. *W. Delff* sculps. in-4°. . . . . = 1.40
avant la lettre. . . . . . = 2.10

736 ———————— avec huit vers latins de *A. Jonstonus. J. Sandrart* del. *Th. Matham* sculps. in-fol. . = 2.20
épr. postérieure avec quatre vers de *J. Nomsz.* in-fol. = 1.00

737 ———————— — avec six vers de *J. van Vondel. P. Sluijter* sculps. in-4°. . . . . = 0.60

738 *Bake.* (*L.*) avec six vers de *L. van Broek. M. Wulfraet* pinx. *J. C. Philips* sculps. in-4°. . . . . = 0.70

739 *Beets.* (*N.*) *Grebner* del. *Lange* sculps. in-4o. . . *f* 0.60

740 *Berg.* (*A. van den*) *Pothoven* del. *J. Houbraken* sculps. in-8o. . . . . = 0.50

741 *Berkheij.* (*J. Le Francq van*) *Pothoven* del. *J. Houbraken* sculps. in-4o. et une feuille ajoutée avec dix vers de *C. Heijligert.* . . . . = 0.80

742 *Bilderdijk.* (*W.*) avec six vers de *J. W. Kumpel. A. Boon* ad viv. del. *J. Hulstkamp* sculps. in-4o. rare. . = 1.60

743 ——————— *M. J. van Bree* pinx. *W. Grebner* sculps. en manière noire. in-fol. Très-beau. . . . . . . = 2.40

744 ——————— *H. W. Caspari* ad. viv. del. 1819. *P. Velijn* sculps. in-4o. . . . . = 1.10

745 ——————— *P. Velijn* sculps. in-4o. belle épreuve avant la lettre. . . . . = 2.20

746 ———————lithographié par *C.C.A.Last.*in-fol. = 2.40

747 ——————— lithogr. signé *M. E. No.* 9. avec seize vers de *S. J. Z. Wiselius* Ex tempore. pct. in-fol. = 0.80

748 *Bidloo.* (*G.*) avec six vers de *G. Tijsens. Verkolje* del. *J. Houbraken* sculps. in-4o. . . . . = 0.70

749 ————— lithogr. de *Soetens.* . . . . . . = 0.20

750 *Boddaert.* (*P.*) avec six vers de *P. de la Ruë. P. van Dijk* pinx. *J. Houbraken* sculps. in-4o. . . . . = 0.80

751 *Bogaert.* (*A.*) avec huit vers de *A. Moonen. D. van der Plaes* pinx. *A. de Blois* sculps. in-4o. . . . . = 1.20

752 ————— avec quatre vers de *D. van Hoogstraten. N. Verkolje* del. *J. Houbraken* sculps. in-4o. . . . = 0·60

753 *Bor Cz.* (*P.*) avec six vers de *G. Brandt. F. Hals* pinx. *A. Zijlvelt* sculps. in-fol. . . . . = 0.90

754 —————— avec quatre vers hollandais. *F. Hals* pinx. *A. Matham* sculps. in-fol. . . . . = 1.40

755 *Borger.* (*E. A.*) *Davidson* pinx. *Velijn* sculps. et une feuille ajoutée avec dix vers de *J. de Kruijff.* in-4o. . = 2.00

756 ——————— *H. W. Caspari* del. *J. W. Caspari* sculps. in-8o. . . . . = 0.60

757 ——————— lithogr. de *Soetens.* . . . . . = 0.20

758 *Bosch.* (*B.*) *R. Vinkeles* ad viv. del. et sculps. in-4o. = 0.70

759 ——————— *J.E.Haid* sculps. en manière noire. in-4o. = 1.20

760 ——— (*B. de*) avec six vers de *L. Pater. T. Regters* pinx. *J. Houbraken* sculps. in-4o. . . . . = 0.90

761 ——— (*J. de*) *R. Vinkeles* sculps. in-8o. . . . = 0.50
avant la lettre et la bordure. = 0.70

762 *Boxman.* (*A.*) *Caspari* del. *P. Velijn* sculps. in-8o. avec signature. . . . . = 0.70

763 *Braght.* (*T. van*) avec quatre vers de *Bidloo. A. Bloteling* sculps. in-4°. . . . . *f* 1.80

764 ——————— avec quatre vers de *A. Spinniker.* in-8°. doublé. . . . . ≠ 0.40

765 *Brandt.* (*G.*) avec quatre vers de *A. Moonen. M. Musscher* pinx. *P. Schenk* fec. en manière noire in-4°. . ≠ 0.70

766 ——————— *P. van Gunst* sculps. in-4°. . . ≠ 0.70

767 ———————épr. avant la lettre et les noms d'art. in-4°. ≠ 0.90

768 ——————— *Musscher* pinx. *P. van Gunst* sculps. in-8°. . . . . ≠ 0.60

769 ——————— à mi-corps. avec les vers de *Moonen. M. Musscher* pinx. *J. Tangena* exc. in-fol. . . . ≠ 1.60

770 ——————— in-18°. sans noms d'art. Rare. . ≠ 0.70

771 ——— (*C.*) avec quatre vers de *P. Bos. Musscher* pinx. *P. van Gunst* sculps. in-4°. . . . . ≠ 0.80

772 ——————— avec quatre vers de *C. Bruin. J. Houbraken* sculps. in-4°. . . . . ≠ 0.70

773 ——— (*J.*) avec quatre vers de *C. Bruin. C. Lubienietzki* pinx. *J. Houbraken* sculps. in-4°. . . . . . . ≠ 0.70

774 ——————— avec six vers de *D. van Hoogstraten. P. Schenk* fec. et exc. en manière noire. in-fol. . . ≠ 1.80
épreuve de correction. . . ≠ 2.40

775 ——————— avec six vers signé *M. A.* — *Christophorus Lubienietzki de Lubienietz* pinx. fecit et excudit en manière noire. gr. in-fol. Beau et très-rare. . . . ≠ 6.00

776 *Bredero.* (*G. A.*) avec des vers de *Vondel*, *Scriverius* et autres. *H. G.* fecit. in-4°. . . . . ≠ 1.20

777 *Brender à Brandis.* (*G.*) *A. de Lelie* pinx. *C. Josi* sculps. in-4°. . . . . ≠ 0.90

778 *Bruin.* (*C.*) avec deux vers de *S. Feitama*, sans noms d'art. in-8°. . . . . ≠ 0.60

779 *Brune.* (*J. de*) sans noms d'art. in-8°. doublé. . ≠ 0.30

780 *Burch.* (*J. van der*) *G. Terburg* pinx. *P. Holsteijn* sculps. in-4°. . . . . ≠ 1.10

781 ——————————— sans noms d'art. in-fol. . ≠ 0.80

782 *Burman.* (*P.*) titre de ses poésies avec son portrait en médaillon. *J. C. Philips* inv. et fecit. in-4°. . . ≠ 0.60

783 ——————— *H. van der Mij* pinx. *J. Houbraken* sculps. in-fol. . . . . ≠ 2.80

784 *Burman le Jeune.* (*P.*) avec huit vers de *J. Grotius. Quinkhard* pinx. *J. Houbraken* sculps. in-fol. . ≠ 1.30

785 *Cambon née van der Werken.* (*M. G.*) épr. défectueuse in-4°. . . . . ≠ 0.30

786 *Camphuijsen.* (*D. R.*) avec six vers hollandais. *C. Castleijn* del. *S. Savrij* sculps. in-4°. . . . . *f* 1.40

787 *Camphuijsen.* (*D. R.*) copie du précédent plus petit. in-4°. . . . . = 0.80

788 *Casteele.* (*R. P. van de*) en manière noire sans noms d'art. in-4° avec signature. . . . . = 1.60

789 *Cats.* (*J.*) avec huit vers de lui-même. *Miereveld* pinx. *W. Delff* sculps. in-4°. . . . . = 1.40

790 ——— entouré d'emblêmes de ses poésies sans noms d'art. in-fol. . . . . = 1.40

791 ——— entouré de chérubins. *A. van der Venne* inv. *M. Mosijn* sculps. in-fol. . . . . = 1.70

792 ——— avec quatre vers de lui-même. *Dubordieu* pinx. *M. Natalis* sculps. in-fol. . . . . = 2.40

793 ——— sans noms d'art. in-4°. . . . . . . = 0.90

794 ——— *Mierevelt* pinx. *J. Houbraken* sculps. in-8°. = 0.50

795 ——— sans noms d'art. in-18°. . . . . . . = 0.70

796 ——— lithogr. de *Soetens.* . . . . = 0.20

797 *Cattenburch.* (*A. van*) avec huit vers de *G. van Zonhoven J. Wandelaar* del. *J. Houbraken* sculps. in-fol. . = 1.20

798 ——— avant les vers. . . . . . . = 1.50

799 *Coornhert.* (*Th.*) le grand portrait dans un ovale. *H. Goltzius* ad viv. pinx. et sculps. Bartsch 164 belle épreuve mais avec peu de marge. Extrêmement rare. . . = 8.00

800 ——— la tête couverte d'un chapeau. *C. C.* pinx. *J. M. L. f.* (*J. Muller*) Bartsch 34. in-4° rare. . = 1.70

801 ——— avec deux vers de *P. C. Hooft. A. Zijlvelt* sculps. in-4°. . . . . = 0.70

802 *Coster.* (*S.*) avec quatre vers de *J. Nomsz.* (*Matham* sculps.) in-fol. . . . . = 1.40

803 ——— *J. Houbraken* sculps. in-4°. . . . = 0.70
avant la lettre. . . . . . = 1.00

804 *Dathenus.* (*P.*) estampe satirique sur ce poète. épreuve avant les noms d'art. (*S. Fokke* sculps.) in-4°. . . . . = 1.40

805 *Deken.* (*A.*) *P. Groenia* pinx. *L. Portman* sculps. in-4°. . . . . = 0.80

805* ——— et son amie *Bekker* sur une feuille, avec quatre vers d'eux-mêmes. *W. Neering* del. *A. Cardon* sculps. in-8°. . . . . = 0.70

806 *Dekker.* (*J. de*) avec six vers de *Br. van Niedek.* sans noms d'art. (*Rembrandt* pinx.) in-4°. . . . . = 1.10

807 ——— avec quatre vers hollandais. *Rembrandt* pinx. *Aquila*(*A. van Halen*) sculps. en manière noire in-4°. = 1.40

808 *Does.* (*J. van der*) avec deux vers latins. *B. Mei* sculps. in-4o très-rare. . . . . *f* 1.40

809 ——————— *J. Houbraken* sculps. in-8o. ≈ 0.40

810 ——— ——— avec deux vers de *Francq van Berkhey* *Pothoven* del. *J. Houbraken* sculps. in-4o. . . ≈ 0.90

811 *Duim.* (*J.*) avec quatre vers. *J. Wijenberg* pinx. *J. Folkema* sculps. in-4o. . . . . ≈ 0.70

812 *Dullaert.* (*H.*) avec six vers de *D. van Hoogstraten. J. Houbraken* sculps. in-8o. . . . . ≈ 0.50

813 *Dijk.* (*J. van*) *Bolomij* del. *R. Vinkeles* sculps. in-8o. . . . . ≈ 0.50
avant la lettre. . . . . ≈ 0.70

814 *Effen.* (*J. van*) avec quatre vers de *Th. van Snakenburg. des Angeles* del. *P. Tanjé* sculps. in-4o. . . ≈ 1.20

815 *Eikelenberg.* (*S.*) avec six vers de *A. van Loon. C. Pronk* del. *J. Houbraken* sculps. in-4o. . . . . . . ≈ 1.30

816 *Feitama.* (*S.*) *Quinkhard* pinx. *P. W. van Megen* sculps. in-8o. . . . . ≈ 0.40

817 ———— avec huit vers de *F. van Steenwijk. H. Pothoven* del. *J. Houbraken* sculps. in-4o. . . . ≈ 0.70
le même, avec signature. . ≈ 1.40

818 *Feith.* (*R.*) *Pelletier* del. *L. A. Claessens* sculps. in-4o. . . . . ≈ 0.70

819 ———— *W. Lubbers* del. *W. van Senus* sculps. in-fol. . . . . ≈ 1.60

820 *Fokke Sz.* (*A.*) *Caspari* del. *L. Portman* sculps. in-8o . . . . ≈ 0.70

821 *Francius.* (*P.*) avec quatre vers latins de *J. Broukhuizen. P. Schenk* ad vivum pinx. et sculps. en manière noire gr. in-4o. belle épr. Rare. . . . . ≈ 2.30

822 *Galenus Abrahamsz.* avec six vers *d'Antonides* sans noms d'art. in-fol. Rare. . . . . ≈ 1.80

823 ——————— *M. van Musscher* pinx. *P. van Gunst* sculps. in-4o. . . . . ≈ 1.10

824 *Geel.* (*J. van*) avec quatre vers de *J. de Haes. J. Houbraken* sculps. in-4o. . . . . ≈ 0.80

825 *Goeree.* (*J.*) avee quatre vers de lui-même. *Valkenburg* pinx. *J. Houbraken* sculps. in-4o. . . . . ≈ 1.00

826 *Goddaeus.* (*C.*) avec six vers latins de *F. Martinius. A. Conradus* fecit. in-fol. Beau et rare. . . . . . . ≈ 1.90

827 *Graauwhart.* (*H.*) avec huit vers. *J. Wandelaar* del. *J. Houbraken* sculps. in-4o. . . . . ≈ 0.80

828 *Gravenweert.* (*J. van 's*) *Caspari* del. *P. Velijn* sculps. in-8o. . . . . ≈ 0.40

829 *Groot.* (*H. de*) avec quatre vers latins de *D. Heinsius* 1614. sans noms d'art. in-4o. . . . . *f* 1.40

830 ———— *Miereveld* pinx. *W. Delff* sculps. in-fol. . . . . = 1.90

831 ———— avec quatre vers latins. sans noms d'art. in.4o. . . . . , ... = 0.70

832 —— ———— avec six vers de *G. Brandt* sans noms d'art. in-4o. . . . . = 0.90

833 ———— *Mierevelt* pinx. in-8o. . . . . = 0.50

834 ———— avec six autres vers de *G. Brandt. Mierevelt* pinx. *A. van der Wenne* sculps. in-fol. . = 1.40

835 ———— avec quatre vers de *W. den Elger. P. van Gunst* sculps. in-8o. . . . . = 0.60

836 ———— par *le même* avec des ornemens emblématiques gr. in-4o. . . . . = 1.40

837 ———— *et sa femme Marie Reigersbergen* avec des vers de *Vondel* et *Cattenburch. Mierevelt* pinx. *J. Houbraken* sculps. 2 F. in-fol. . . . . = 1.90

838 *Les mêmes. J. Houbraken* fec. in-4o. . . . . . = 1.00

839 ———— lithogr. de *Soetens.* . . . . . . = 0.40

840 *Groot.* (*P. de*) *Schouman* del. *J. Houbraken* sculps. in-8o. . . . . = 0.50

841 *Gijsen.* (*J. van*) avec huit vers de *P. Langendijk. J. Folkema* del. et sculps. in-4o. . . . . = 1.20

842 *Haalen.* (*A. van*) en manière noire avant la lettre et les noms d'art. in-4o. . . . . = 1.60

843 *Haar.* (*B. ter*) *Portman* del. *J. P. Lange* sculps. in-8o. = 1.10

844 *Haen.* (*A. de*) avec quatre vers de *B. de Bosch. Quinkhard* pinx. *C. F. Fritsch* sculps. in-4o. . . . . . . = 1.20

845 *Haes.* (*F. de*) avec six vers de *Westerbaen. Bruijninx* del. *J. Houbraken* sculps. in-4o. . . . . = 0.70
le même avec signature. . . . = 1.40

846 ——— (*J. de*) avec quatre vers de *D. van Hoogstraten. Thomassin* del. *P. van Gunst* sculps. in-4o. . = 0.70
le même avec signature. . . . = 1.40

847 *Hall.* (*M. C. van*) *R. Vinkeles* ad viv. del. et sculps. in-8o. . . . . = 0.50

848 *Halma.* (*F.*) avec six vers de *Br. van Niedek. A. Boonen* pinx. *F. Ottens* sculps. in-fol. . . . . = 1.40

849 *Haren.* (*W. van*) *Dumesnil* pinx. *J. Houbraken* sculps. gr. in-fol. . . . . = 1.70

850 ———— *Velijn* sculps. in-8o. . . . . = 0.40

851 *Hartsinck.* (*J. J.*) *Pothoven* del. *J. Houbraken* sculps. in-4o. . . . . *f* 0.80

852 *Hasebroek.* (*J. P.*) *W. Grebner* del. *J. P. Lange* sculps. in-4o. . . . . = 1.20

853 *Heinsius.* (*D.*) *N. de Larmessin* sculps. in-4o. belle épreuve. Rare. . . . . = 1.30

854 *Helmers.* (*J. F.*) (*Van Senus* sculps.) in-8o. . = 0.60

855 ———————— *J. Smies* pinx. *W. van Senus* sculps. in-4o. avec signature. . . . . = 1.80

856 *Hennebo.* (*R.*) avec quatre vers. *J. Wandelaar* del. *J. Houbraken* sculps. in-4o. avec signature. . . . = 1.30

857 *Heijns.* (*Z.*) avec quatre vers de *Vondel.* in-4o. . = 0.90

858 *Hoen.* (*P.'t*) *C. S. Gaucher* del. et sculps. in-8o. Rare. = 1.40

859 *Hooft.* (*P. C.*) avec douze vers de *C. Barlaeus. J. Sandrart* pinx. *R. Perzijn* sculps. in-fol. belle épreuve. Rare. = 2.60

860 ———————— avec six vers de *Vondel. J. Sandrart* pinx. *A. Sijlvelt* sculps. in-fol. . . . . = 1.40

861 ———————— avec la souscription *Alter Tacitus.* Opus mallei per *Janum Lutma.* Estampe ciselée. Rare et recherchée. in-fol. . . . . = 3.40

862 ———————— avec quatre vers de *Huijdecoper. Mierevelt* pinx. *J. Houbraken* sculps. in-fol. . . . . . . = 1.80

863 ———————— sans noms d'art. in-18o. Rare. . = 0.70

864 ———————— lithogr. de la Société des Beaux-arts. gr. in-fol. . . . . = 1.40

865 *Hoogstraten.* (*D. van*) avec deux vers latins de *J. Broukhuizen. P. Schenck* ad viv. pinx. et sculps. en manière noire. pet. in-4o. . . . . = 0.90

866 ———————————— *A. Boonen* pinx. *P. van Gunst* sculps. in-fol. . . . . . . , ... = 1.40

867 ———————— (*J. van*) avec deux vers. *A. Houbraken* del. et fec. en manière noire. in-4o. . . . . = 1.10

868 ———————————— avec huit vers de *G. Kempher. J. Wandelaar* del. *A. van Buijssen* sculps. in-4o. en manière noire. . . . . = 1.40

869 *Hoogvliet.* (*A.*) *Reijers* pinx. *P. W. van Megen* sculps. in-8o. . . . . = 0.40

870 *Hoop.* (*A. van der*) *Grebner* del. *P. Velijn* sculps. in-4o. = 0.70

871 *Houbraken.* (*A.*) avec quatre vers de *D. van Hoogstraten. J. Houbraken* sculps. in-8o. . . . . = 0.90

872 *Hout.* (*J. van*) *J. Houbraken* fec. in-4o. . . . = 0.70

873 *Huijdecoper.* (*B.*) avec six vers latins de *J. P. d'Orville. Quinkhard* pinx. *J. Houbraken* sculps. in-4o. . = 0.90

874 *Huijgens.* (*C.*) *Christ. Huijgens* del. *C. de Visscher* sculps. in-4°. *Basan* 29. . . . . *f* 1.40

875 ———————— *Netscher* pinx. *A. Bloteling* sculps. in-4°. doublé. . . . . = 0.70

876 ———————— avec ses enfans. *P. van Dijk* pinx. *Van der Meulen* sculps. in-4°. . . . . = 0.70

877 *Iperen.* (*J. van*) *Pothoven* del. *J. Houbraken* sculps. in-8°. . . . . = 0.50
avant la lettre. . . . . . = 0.70

878 *Jaapiks.* (*G.*) avec huit vers frisois de *Joh. Hilarides. M. Haarings* pinx. *J. Jaapix* fec. in-4°. . . . . . = 1.20

879 ———————— avec quatre vers frisois et fac similé de sa signature *P. Velijn* sculps. in-4°. . . . . . . = 1.20

880 *Janus Secundus.* avant la lettre et sans noms d'art in-4°. Rare. . . . . = 0.60

881 *Jean I. Duc de Brabant.* en pied, avec ses armoiries, sans noms d'art. in-4°. . . . . = 0.60

882 *Junius.* (*A.*) sans noms d'art. en médaillon in-8. = 0.70

883 ———————— *N. de Larmessin* sculps. in-4°. . = 0.80

884 ———————— gravure en bois, épreuve avant la lettre in-4°. . . . . = 0.90

885 ———————— *C. C. A. Last* lithogr. in-8°. . . = 0.60

886 *Kantelaar.* (*J.*) *Schoemaker Doyer* del. *W. van Senus* sculps. in-4°. . . . . = 0.90

887 *Kasteele.* (*P. L. van de*) *Buijs* del. *R. Vinkeles* et *Bogerts* sculps. in-12°. . . . . = 0.30

888 *Klinkhamer.* (*L.*) avec quatre vers de *J. Brak. T. Regters* pinx. *P. Tanjé* sculps. in-4°. . . . . = 0.60

889 *Klijn Bz.* (*B.*) *Caspari* del. *Velijn* sculps. in-8°. = 0.40

890 *Kruijff.* (*J. de*) avec six vers de *P. Vreede. Coclers* pinx. *R. Vinkeles* sculps. in-8°. . . . . = 0.60

891 *Langendijk.* (*P.*) avec six vers de *E. Visscher. J. Houbraken* sculps. in-4°. . . . . = 0.70

892 — ———————— avec six vers de *D. Smits. C. Pronk* del. *J. Houbraken* sculps. in-4°. . . . . = 0.70

893 *Lannoy* (*J. C. de*) avec quatre vers de *S. van der Waal. N. Rode* pinx. *J. Houbraken* sculps. in-8°. . . . . = 0.60

894 ———————— lithogr. de *Soetens*. . . . . . = 0.20

895 *Lennep.* (*C. van*) *R. Vinkeles* sculps. in-8°. . = 0.50

896 *Loon.* (*G. van*) avec six vers de *J. Goeree. F. van Mieris* pinx. *J. Houbraken* sculps. in-fol. Superbe épreuve sur soie. . . . . = 4.40

897 *Loosjes Pz.* (*A.*) *W. Hendriks* pinx. *R. Vinkeles* sculps. in-8o. . . . . *f* 0.50

898 *Loots.* (*C.*) *van der Ward* del. *R. Vinkeles* sculps. in-8o. . . . . = 0.50

899 ——— *A. de Lelie* pinx. *R. Vinkeles* sculps. in-8o. . . . . = 0.70

900 *Lublink.* (*J.*) *Tischbein* pinx. *R. Vinkeles* sculps. in-8o. . . . . = 0.50

901 ——— lithogr. de *Soetens.* . . . . . . = 0.20

902 *Luiken.* (*J.*) avec six vers de *A. Spinniker. P. Sluiter* sculps. in-8o. doublé. . . . . = 0.50

903 ——— avec six autres vers de *A. Spinniker. A. Houbraken* del. *P. Sluiter* sculps. in-4o. . . . . = 1.30

904 *Maerlant.* (*J. van*) *M. van Noort* del. *L. Brasser* sculps. in-8o. Rare. . . . . = 0.90

905 ——— *Ten Cate* lithogr. in-4o. . = 0.40

906 *Mander.* (*C. van*) *N. Lastman* sculps. in-4o. . = 1.20

907 ——— sans noms d'art. in-8o. Rare. . = 0.90

908 ——— *Ten Cate* lithogr. in-4o. . . . = 0.40

909 *Marnix de St.-Aldegonde.* (*P. van*) avec quatre vers latins *H. Hondius* fec. in-4o. . . . . = 0.90

910 ——— sans noms d'art. in-fol. . . . . = 0.70

911 ——— avec quatre vers de *G. Brandt. H. Barij* sculps. in-8o. . . . . = 0.60

912 ——— *de Gheijn* pinx. *van Megen* sculps. in-8o. . . . . = 0.40

913 ——— ——— *J. Houbraken* sculps. in-8o. . . . . = 0.50

914 ——— *Ten Cate* lithogr. in-4o. . . . . = 0.40

915 *Marre.* (*J. de*) avec six vers de *L. Pater. Quinkhard* pinx. *J. Houbraken* sculps. in-4o. 0.70

916 *Mauricius.* (*J. J.*) *A. Schouman* del. *P. Tanjé* sculps. in-4o. . . . . = 0.70

917 *Meiboom.* (*H.*) Poëta et Historicus, avec deux vers latins. *B. Mei* sculps. pet. in-4o. Rare. . . . . = 1.40

918 *Merken.* (*L. W. van*) *Pothoven* del. *R. Vinkeles* sculps. in-4o. . . . . = 0.80

919 ——— plus petite, par les mêmes in-8o. = 0.50

920 ——— lithogr. de *Soetens.* . . . = 0.20

912 *Meijer Jr.* (*H.*) *Velijn* sculps. in-4o. . . . . . = 0.70

922 *Nieuwenhuijzen.* (*M.*(*T. de Roode* sculps. in-8o. = 0.60

823 *Nieuwland.* (*P.*) *A. de Lelij* pinx. *R. Vinkeles* sculps. in-8°. . . . . *f* 0.60

924 *Nomsz.* (*J.*) avec deux vers de *Uijlenbroek. Bruijninx* pinx. *R. Vinkeles.* sculps. in-8°. . . . . = 0.50

925 ——— avec quatre vers de *C. Groeneveld. J. Verstegen* del. *J. Houbraken* sculps. in-4°. . . . . . = 0.70
avant la lettre. . . . . . = 1.00

926 *Norel.* (*J.*) avec quatre vers de *B. Bekker. Schenck* del. et fecit en manière noire in-4°. Rare. . . . . . = 1.40

927 *Ockerse.* (*W. A.*) *R. Vinkeles* ad viv. del. et sculps. in-8°. . . . . = 0.50

928 ——— *P. Velijn* sculps. in-8°. . = 0.60

929 *Onderwater.* (*D.*) *C. van Cuijlenburgh* del. *C. La Motte* sculps. in-8°. . . . . = 0.60

930 *Oosterdijk.* (*H. G.*) *J. Buijs* pinx. *R. Vinkeles* sculps. in-18°. . . . . = 0.60

931 *Oosterwijk Bruijn.* (*J. van*) *Grebner* del. *P. Velijn* sculps. in-4°. . . . . = 0.90

932 *Orville.* (*J. P. d'*) avec dix vers latins de *P. Burman le Jeune. Quinkhart* pinx. *J. Houbraken* sculps. in-fol. sup. épreuve. . . . . = 2.40

933 *Os.* (*J. van*) *Bolomij* del. *L. Portman* sculps. in-4°. = 1.20

934 ——— *A. Schouman* fec. ad viv. eau forte in-4°. épr avant la lettre. Rare. . . . . = 3.70

935 *Oudaen Fz.* (*J.*) avec six vers de *D. van Hoogstraten. A. Houbraken* inv. *D. Jonkman.* sculps. in-8°. . = 0.70

936 ——— sans noms d'art. in-18° Rare. . = 0.70

937 *Outrein.* (*J. d'*) *J. Boonen* pinx. *J. C. Philips* sculps. in-4°. . . . . = 0.60

938 *Overbeke.* (*A. van*) *H. Cause* fec in-8°. . . . = 0.50

939 *Paape.* (*G.*) *M. d' Sallieth* fec. in-4°. . . . . = 0.70

940 *Paffenrode.* (*J. van*) *Joh. Haensburgh* fec. 1674 à l'eau forte in-fol. Rare. . . . . = 1.60

941 *Palm.* (*J. H. van der*) *F. C. Bierweiler* del. et sculps. en manière noire gr. in-4°. . . . . = 1.20

942 *Pars.* (*A.*) *S. Fokke* del. et sculps. in-4°. . . . = 1.40

943 *Pater.* (*L.*) avec six vers de *B. de Bosch. Laquij* pinx. *J. Houbraken* sculps. in-4°. . . . . = 0.80

944 *Pers.* (*D. Pz.*) avec quatre vers de *G. Brandt. Th. Matham* sculps. in-8°. Rare. . . . . = 1.40

945 *Poot.* (*H. Kz.*) *T. van der Wilt* pinx. *J. Houbraken* sculps. in-4°. . . . . = 0.60

946 ——— sans noms d'art. in-18°. Rare. . = 0.70

947 *Post.* (*E. M.*) *van 't Hoff* del. *R. Vinkeles* sculps. in-8o. . . . . *f* 0.50

948 *Pot.* (*W. van der*) avec six vers de *B. Huijdecoper. G. van Nijmegen* del. *R. Vinkeles* sculps. in-4o. . = 0.90

949 *Pijpers.* (*P.*) *L. C. de Neufville* pinx. *R. Vinkeles* sculps. in-8o. . . . . = 0.50

950 ———— *et sa femme. L. Portman* sculps. 2 F. in-8o. . . . . = 1.20

951 *Rabus.* (*P.*) avec quatre vers hollandais. *P. Bouttats* sculps. pet. in-4o. Rare. . . . . = 0.90

952 ———— avec six vers de *Th. van Snakenburg. Bodekker* pinx. *J. Houbraken* sculps. in-4o. . . . = 1.30

953 ———— par les mêmes, avec huit autres vers de *Snakenburg.* in-fol. . . . . = 1.90

954 *Repelaer.* (*J. A.*) silhouette sur le titre de ses poésies, impr. au bistre. *A. Zurcher* fec. in-4o. . . . . . . = 0.60
avant le titre et la lettre. = 1.00

955 *Ruloffs.* (*B.*) épreuve rognée et doublée avec signature. in-4o. . . . . = 0.80

956 *Schoonhoven.* (*F.*) avec quatre vers latins de *G. Traudenius* sans noms d'art. in-8o. . . . . = 0.70

957 *Schrevelius.* (*C.*) *R. à Persijn* ad vivum fecit. in-4o. = 1.20

958 *Schull.* (*P. S.*) avec dix vers de *A. van der Hoop Jr.* lithogr. in-8o. à ce portrait est ajouté une lettre de *Schull* à *M. Wap* et quelques autres écritures. . . . . = 1.90

959 *Scriverius.* (*P.*) *P. Soutman* pinx. *C. de Visscher* sculps. in-fol. *Basan* 23. sup. épreuve. . . . . . . = 6.00

960 ———— *J. Houbraken* sculps. d'après le précédent in-4o. . . . . = 0.80

961 *Schutte.* (*R.*) avec six vers de *A. van den Berg. Pothoven* del. *J. Houbraken* sculps. in-4o. . . . . = 0.60

962 ———— avec douze vers de *J. E. Voet. Quinkhard* pinx. *J. Houbraken* sculps. in-fol. . . . . . . = 1.90

963 ———— *J. E. Haid* fec. en manière noire. in-4o. = 1.10

964 *Schuurman.* (*A. M.*) avec deux vers d'elle même. sans noms d'art. eau-forte. in-4o. . . . . = 1.60

965 ———— avec six vers latins. *S. van Lamsweerde* delin et sculps. in-fol. . . . . = 2.60

966 ———— dessin à la plume, signé *H. A. W.* in-8o. . . . . = 1.80

967 ———— lithogr. de *Soetens.* . . . = 0.20

968 *Sewel.* (*W.*) avec quatre vers de *F. Halma. G. Rademaker* del. *J. de Later* sculps. in-8o. avec signature. . = 1.60

969 *Sifflé.* (*A. F.*) *P. Velijn* sculps. gr. in-8o. . . . = 0.90

970 *Smits.* (*D.*) avec quatre vers de *S. Feitama. D. van Nijmegen* pinx. *P. Tanjé* sculps. in-4°. . . . . . . *f* 1.10

971 *Snakenburg.* (*H.*) *H. van der Mij* pinx. *J. Houbraken* sculps. in-4°. . . . . ƒ 0.80

972 *Spaan.* (*J. van*) *A. Schouman* del. *J. Houbraken* sculps. in-8°. . . . . ƒ 0.50

973 ——————— avec huit vers de *J. E. Voet. De la Croix* pinx. *J. Houbraken* sculps. in-fol. . . . . . . ƒ 2.00
avant la lettre. . . . . . ƒ 2.60

974 *Spex.* (*J.*) *A. Schouman* del. *J. Houbraken* sculps. in-4°. . . . . ƒ 0.50
avec signature. . . . . . ƒ 1.20

955 *Spieghel.* (*H. L.*) avec quatre vers de lui-même. *C. van Sichem* fec. gravure en bois. in-8°. . . . . ƒ 0.80

976 ——————— avec les mêmes vers. *P. van Gunst* sculps. in-8°. . . . . ƒ 0.60

977 ——————— *J. Houbraken* sculps. in-4°. ƒ 0.70
avant la lettre. . . . . ƒ 0.90

978 ——————— sans noms d'art. in-18°. Rare. ƒ 0.70

979 *Staring.* (*A. C. W.*) *P. Velijn* sculps. in-8°. avec signature. . . . . ƒ 1.10

980 *Stijl.* (*S.*) *J. A. Baur* pinx. *R. Vinkeles* sculps. in-8°. ƒ 0.60

981 *Sijtzama.* (*C. F. van*) avec quatre vers hollandais. *J. Wassenbergh* pinx. *J. C. Philips* sculps. in-4°. . . . ƒ 0.80

982 *Sweerts.* (*H.*) avec quatre vers de *L. Bidloo. B. Vaillant* pinx. *P. van Gunst* sculps. in-4°. . . . . ƒ 0.90

983 *Tollens Cz.* (*H.*) *H. W. Caspari* ad viv. del. 1816. *J. E. Marcus* sculps. gr. in-4°. . . . . - 1.00

984 ——————— dessiné par le même en 1820. *P. Velijn* sculps. in-4°. . . . . ƒ 1.20

985 *Trip.* (*J.*) avec six vers de *J. Verburg.* sans noms d'art. (*van Gunst* ou *Houbraken* sculps.) in-fol. . . . ƒ 1.60

986 *Vaernewijck.* (*M. van*) avec ses armoiries et souscription latine. *Petrus de Jode* sculps. 2 F. in-4°. Rare. . ƒ 1.80

987 *Venne.* (*A. van der*) d'après son propre dessin. *D. van den Bremden* sculps. in-8°. . . . . ƒ 0.70

988 *Verhoek.* (*P.*) avec six vers de *Br. van Niedek.* sans noms d'art. in-4°. . . . . ƒ 0.90

989 *Versteeg.* (*N.*) avec quatre vers de *Bruijninx. R. Vinkeles* sculps. in-4°. . . . . ƒ 0.70

990 *Visscher.* (*Roemer*) et ses deux filles *Anne* et *Marie Tesselschade. Goltzius* et *Hals* pinx. *van der Meulen* sculps. 3 F. in-8°. . . . . ƒ 1.60

991 ———(*Marie Tesselschade.*) lithogr. de *Soetens.* ƒ 0.20

992 *Vlaming.* (*P.*) avec deux vers de *J. van der Streng. C. Troost* fecit 1734. in-4°. estampe en manière noire du peintre. belle épreuve. . . . . *f* 1.60

993 *Voet.* (*J. E.*) avec six vers de *R. Schutte. A. Schouman* del. *J. Houbraken* sculps. in-4°. . . . . . . = 0.70

994 *Vondel.* (*J. van den*) avec six vers hollandais. *J. Sandrart* delin. *Th. Matham* sculps. in-fol. . . . . . . = 3.40

995 ——————— avec la tête de satyre. *C. de Visscher* ad vivum del. et sculps. *Basan* 15. belle anc. épr. = 6.60

996 ——————— épreuve postérieure.. . . . = 1.60

997 ——————— épreuve avec l'adresse de *Danckers* et *P. Schenk*, mais assez bonne. . . . . . . = 2.00

998 ——————— belle copie petit in-4°. du précédent. *C. de Visscher* del. sans nom de graveur. . . . = 1.80

999 ——————— épreuve postérieure, mais assez bonne de l'eau forte de *Lievens*, avec douze vers ajoutés de *P. Zweerts.* in-fol.. . . . . = 2.40

1000 ———————l'estampe ciselée de *J. Lutma* in-4°. Rare et recherchée. . . . . = 3.40

1001 ——————— sans noms d'art. Copie en contre-partie de l'estampe de *Visscher*, maissans les attributs. in-4°. = 1.40

1002 ——————— sans noms d'art. in-18°. Rare. = 0.90

1003 ——————— dans sa vieillesse, assis dans un fauteuil, avec six vers de *D. van Hoogstraten. Phil. Koning* del. sans nom de graveur. eau-forte in-4°. . . . = 1.90

1004 ——————— lithogr. de *Soetens.* . . . = 0.20

1005 ——————— avec six vers de lui-même. *Philip de Koning* pinx. *C. Hamburger* del. *J. P. Lange* sculps. in-fol. sup. épreuve.. . . . . = 3.60

1006 *Vos.* (*J.*) avec quatre vers de *Vondel. K. du Jardin* fecit. *Bartsch* 52. Belle eau-forte et la plus rare de l'oeuvre de *Du Jardin.* . . . . = 8.00

1007 ——— copie en contre partie du précédent. *A. van Buijsen* sculps. in-4°.. . . . . = 1.20

1008 *Vreede.* (*P.*) *T. L.* pinx. *R. Vinkeles* sculps. in-8°. = 0.50

1009 *Vrijhoff.* (*H. G. van*) avec quatre vers de *P. Zweerts. C. Troost* pinx. *J. Houbraken* sculps. in-4°. . . . = 0.90
sup. épr. avant la lettre. . = 1.50

1010 *Walré.* (*J. van*) *H. W. Caspari* ad viv. del. *P. Velijn* sculps. in-4°. . . . . = 1.10

1011 *Westerbaen.* (*J.*) *Corn. de Visscher* sculps. *Basan* 16. = 0.70
belle épr. avant la lettre. = 1.40

1012 *Weijerman.* (*J. C.*) *C. Troost* pinx. *J. Houbraken* sculps. in-4°. . . . . = 0.70

1013 *Weijerman* (*J. C.*) les génies pleurent sa mort. épr. avant la lettre et les noms d'art. in-4°. . . . . . *f* 0.70

1014 ————————— avec deux vers hollandais sans noms d'art. (*C. Troost?*) en manière noire in 4°. . . . . . „ 1.20

1015 *Willink.* (*D.*) avec six vers de *D. van Hoogstraten. C. Lubienietzki* pinx. *F. Ottens* sculps. in-4°. . „ 0.70

1016 *Wilp.* (*S. M. van der*) avec six vers de *B. de Bosch J. Marinkelle* del. *J. Houbraken* sculps. in-4°. . „ 0.70

1017 *Winter.* (*N. S. van*) *Pothoven* del. *J. Houbraken* sculps. in-8°. . . . . „ 0.80

1018 *Wiselius.* (*S. J.*) *R. Vinkeles* ad viv. del. et sculps. in-8°. . . . . „ 0.50

1019 ——————— *L. Moritz* del. *P. Velijn* sculps. gr. in-8°. . . . . „ 1.20

1020 *Witt.* (*Jacob de*) *Honthorst* pinx. *J. Houbraken* sculps. in-8°. . . . . „ 0.50

1021 —— (*Johan de*) *C. Netscher* pinx. *J. Houbraken* sculps. in-4°. . . . . „ 1.40

1022 *Wolff née Bekker.* (*E.*) *P. Groenia* pinx. *L. Portman* sculps. in-4°. . . . . „ 0.80

1023 *Zeele alias Griele.* (*L. van*) avec quatre vers hollandais. *Cornelis Meijssens* sculps. in-4°. Rare. . . . . „ 1.40

1024 *Zeeus.* (*J.*) avec quatre vers de *K. Boon. A. Houbraken* del. *P. van Gunst* sculps. in-8°. . . . . . . „ 0.80

1025 ——————— avec six vers de *F. Greenwood. J. Houbraken* sculps. in-8°. . . . . „ 0.60

1026 ——————— avec six vers de *F. Greenwood. J. Houbraken* sculps. in-4°. . . . . „ 0.70

1027 *Zoet.* (*J.*) sans noms d'art. in-8°. . . . . „ 0.50

1028 *Zweerts.* (*P.*) avec quatre vers de *F. van Steenwijk. C. Troost* pinx. *J. Houbraken* sculps. in-4°. . . . „ 0.70

Peintres. Dessinateurs. Sculpteurs. Graveurs.

1029 *Backer.* (*J. de*) se ipsum del. *P. Balliu* sculps. in-4°. „ 0.60

1030 ——————— se ipsum del. *A. Bartsch* sculps. eau-forte in-4° E. de B. 65. . . . . „ 1.80

1031 *Balliu.* (*D.*) se ipsum pinx. *C. Waumans* sculps. in-4°. . . . . „ 0.70

1032 *Beck.* (*D.*) se ipsum pinx. *A. Coget* sculps. in-4°. „ 0.60

1033 *Berckmans.* (*H.*) se ipsum pinx. *C. Waumans* sculps. in-4°. . . . . „ 0.80

1034 *Bernardi.* (*T.*) avec quatre vers latins, sans noms d'art. *H. Hondius* exc. in-4°. . . . . „ 0.90

1035 *Blocland.* (*A.*) avec quatre vers latins. *H. Hondius* exc. in-4°. . . . . *f* 0.70

1036 *Bloemaert.*(*A.*) se ipsum del. *H. Snijers* sculps. in-4°. ≠ 0.40

1037 ——————— sans noms d'art. in-4°. . . . . ≠ 0.50

1038 ——————— avec quatre vers hollandais. *N. Visscher* sculps. in-fol. . . . . ≠ 1.20

1039 *Bol.* (*F.*) se ipsum del. *A. Bartsch* sculps. belle eau-forte in-4°. E. de B. 68. . . . . ≠ 3.00

1040 *Bosboom.* (*S.*) *N. de Helt Stockade* pinx. *P. de Jode* sculps. in-4°. . . . . ≠ 0.90

1041 *Bosch.* (*H.*) avec des vers latins, sans noms d'art. in-4°. ≠ 0.70

1042 *Bossaert.* (*T. W.*) se ipsum pinx. *C. Waumans* sculps. in-4°. . . . . ≠ 0.90

1043 *Both.* (*J.*) *A. Willers* pinx. *C. Waumans* sculps. in-4°. . . . . ≠ 1.10

1044 *Bramer.* (*L.*) se ipsum pinx. *H. van der Does* sculps. in-4°. . . . . ≠ 0.90

1045 *Bronchorst.* (*J. van*) se ipsum del. *P. Balliu* sculps. in-4°. . . . . ≠ 0.90

1046 *Bruin.* (*C. de*) avec six vers de *J. Brandt. G. Kneller* pinx. *G. Valck* sculps. in-fol. . . . . ≠ 1.20

1047 *Brussel.* (*H. van*) *Hendriks* pinx. *Bagelaar* sculps. eau-forte in-4°. . . . . ≠ 1.00

1048 *Busserus.* (*H.*) avec quatre vers hollandais. *P. Louw* fecit en manière noire in-fol. . . . . ≠ 1.60
avant la lettre. . . . . ≠ 2.40

1049 *Bijlert* (*J.*) se ipsum pinx. *P. Balliu* sculps. in-4°. ≠ 0.80

1050 *Caio.* (*W.*) avec quatre vers latins. *H. Wiercx* sculps. in-4°. . . . . ≠ 0.70

1051 *Coornhert.* (*Th*) en buste, la tête couverte d'un chapeau, il est entouré d'emblêmes de ses écritures. sans noms d'art. *H. Goltzius* sculps. in-fol. Non mentionné par *Bartsch.* Beau et rare. (Collection Verstolk de Soelen.) . ≠ 10.00

1052 ——————— en buste dans un ovale. *Theodorus Cornhertus*, ad vivum depictus, et aeri incisus ab *H. Goltzio.*

Ce morceau est un des plus beaux ouvrages de gravure de *Henri Goltzius.* Il semble que par un motif de reconnaissance, il ait voulu montrer, tout ce qu'il était capable de faire dans le portrait de celui, de qui il avait appris les principes de l'art de la gravure.

Bartsch P. G. vol. III p. 49 N°. 164.

Superbe première épreuve avant le passe-partout et les trophées. (Collection *Verstolk de Soelen.*) Extrêmement rare. ≠ 25.00

1053 *Coornhert.* (*Th.*) *H. Goltzius* del. *F. van der Steen* sculps. in-4°. Copie du précédent. . . . . *f* 1.20

1054 *Cornelisz.* (*C.*) avec quatre vers latins. *H. Hondius* exc. in-4°. . . . . = 0.90

1055 *Cort.* (*C.*) *F. van der Steen* sculps. in-4°. . = 0.80

1056 *Couwenberg.* (*H. W.*) *C. van Beveren* pinx. *J. P. Lange* sculps. in-fol. superbe épr. . . . . = 3.60

1057 *Crabeth.* (*D. P. et W. P.*) sur la même feuille, avec des vers de *J. van Vondel. H. Barij* sculps. in-4°. = 1.30

1058 *Danckerts.* (*C.*) *P. Danckerts* del. *P. de Jode* sculps. in-4°. . . . . = 0.90

1059 ——— (*P.*) se ipsum pinx. *P. Pontius* sculps. in-4°. . . . . = 0.70

1060 *Diepenbeke.* (*A. van*) se ipsum pinx. *P. Pontius* sculps. in-4°. . . . . = 0.90

1061 *Douw.* (*G.*) Pictor Lugd. Batav. Honoris ergo Praeceptorum suum delineavit *G. Schalcken.* eau-forte in-4° par *Schalcken* Belle ancienne épreuve. Rare. . . . . = 6.00

1062 ——— la tête couverte d'un bonnet à la Rembrandt orné d'une plume, beau dessin au lavis au bistre signé *Rembrandt ft.* 1642; outre la plume ce portrait est d'une parfaite ressemblance avec le suivant. in-fol.

1063 ——— se ipsum pinx. *J. de Freij* fec. aqua forti in-4°. superbe épr. . . . . = 4.00

1064 ——— lithogr. de *Soetens.* . . . . . . = 0.20

1065 *Dullaert.* (*J.*) avec six vers de *D. van Hoogstraten. J. Houbraken* sculps. in-8°. . . . . = 0.70

1066 *Dijk.* (*F. van*) avec quatre vers latins, sans noms d'art. marqué H. B. in-4°. . . . . = 1.10

1067 ——— (*P. van*) se ipsum pinx. *J. Houbraken* sculps. in-8°. épr. sur papier de soie. . . . . = 0.90

1068 *Engelbert.* (*C.*) avec quatre vers latins, sans noms d'art. in-4°. . . . . = 0.70

1069 *Erasmus.* (*D.*) *Ant. van Dijck* fecit aqua forti. petit in-fol. . . . . = 2.20

1070 ——— *J. Lamsvelt* fec. aqua forti. in-4°. = 0.60

1071 *Fokke.* (*S.*) sans noms d'art. gravé à l'eau-forte par lui-même. in-8°. . . . . = 0.90

1072 ——— avec quatre vers de *J. Fokke. H. Pothoven* ad viv. del. *J. Houbraken* sculps. in-4°. . . . . . = 1.10
sans les vers. . . . . . = 1.10

1073 *Fleischman.* (*J. M.*) *C. van Noorde* fec. à l'eau-forte. in-4°. . . . . = 1.40

1074 *Goltzius.* (*Hubert*) avec quatre vers latins. *H. Hondius* exc. in-4°. . . . . *f* 0.90

1075 ———————— *E. de Boulonois* fec. in-4°. ꞊ 0.80

1076 ——— (*Henri*) avec quatre vers latins. *R. Boud* fec. *H. Hondius* exc. in-4°. . . . . ꞊ 1.40

1077 *Goijen.* (*J. van*) Natione Batavus, Genvinus Pictor Regionum. eau-forte in-4° par *C. de Moor*. Beau et rare. . ꞊ 6.00

1078 *Gool.* (*J. van*) avec quatre vers de *A. Kuipers. A Schouman* ad viv. del. *J. Houbraken* sculps. in-8°. . ꞊ 0.60
avant la lettre. . . . . . . ꞊ 1.00

1079 *Graat.* (*B.*) épr. avant les noms d'art. in-fol. . ꞊ 1.30

1080 *Haarlem.* (*Dirk van*) avec quatre vers latins, sans noms d'art. in-4°. . . . . ꞊ 0.90

1081 *Heemskerck.* (*M. van*) avec des attributs allégoriques. *M. Heemskerck* inv. *P. Galle* sculps. in-4°. Rare. ꞊ 1.30

1082 —————————— avec quatre vers latins. *H. Hondius* exc. in-4°. . . . . ꞊ 1.20

1083 *Heide.* (*J. van der*) *J. Houbraken* sculps. in-4°. ꞊ 0.60
avant la lettre. . . . . . ꞊ 1.00

1084 *Hengstenburgh.* (*H.*) *N. Verkolje* del. *J. Houbraken* sculps. in-8°. . . . . ꞊ 0.90

1085 *Helt Stockade.* (*N. de*) se ipsum pinx. *P. de Jode* sculps. in-4°. . . . . ꞊ 0.80

1086 *Hondthorst.* (*G.*) se ipsum pinx. *P. de Jode* sculps. in-4°. . . . . ꞊ 0.90

1087 *Houbraken.* (*A.*) avec quatre vers de *D. van Hoogstraten. J. Houbraken* sculps. in-8°. . . . . ꞊ 0.80

1088 ———— (*J.*) *Quinkhard* pinx. se ipsum sculps. 1749 in-fol. . . . . ꞊ 1.90

1089 ——————— *H. Pothoven* ad viv. del. se ipsum sculps. 1770 in-4°. . . . . ꞊ 1.20
sur papier de soie. . . . . ꞊ 1.60
avant la lettre. . . . . . ꞊ 1.60

1090 *Janssens* (*C.*) se ipsum pinx. *C. Waumans* sculps. in-4°. . . . . ꞊ 0.90

1091 *Ketel.* (*C.*) avec quatre vers hollandais. se ipsum pinx. *H. Bary* sculps. in-4°. . . . . ꞊ 1.80

1092 *Keijzer.* (*H. de*) *J. Meijssens* fec. in-4°. . . . ꞊ 0.90

1093 ——————— avec quatre vers de *J. van Vondel. T. de Keijzer* del. *J. Suijderhoef* sculps. in-4°. . . . ꞊ 1.80

1094 *Koekkoek.* (*B. C.*) *Baugniet* lithogr. d'après nature. in-fol. . . . . ꞊ 2.50

1095 *Koerten Blok.* (*J.*) *J. Punt* inv. et sculps. 1734 in-8o. *f* 0.70
1096 ———————— *J. Houbraken* sculps in-8o. = 0.40
1097 *Langendijk.* (*D.*) *J. B. Scheffer* pinx. *Joh. Bemme Az.* del. sculps. et exc. in-fol. . . . . = 1.50
1098 *Leijden.* (*Aert van*) *J. Suijderhoef* sculps. in-4o. = 1.50
1099 ——— (*Lucas van*) se ipsum pinx. *A. Stock* fec. in-4o. = 1.10
1100 ———————— avec six vers latins. sans noms d'art. en haut le no. 10. . . . . = 0.40
1101 *Livens.* (*J.*) *A. van Dijk* pinx. *L. Vorsterman* sculps. gr. in-4o. . . . . = 1.90
1102 ——————— *A. Bartsch* sculps. eau forte in-4o. belle épr. Les bonnes épreuves sont très-rares. E. de B. 96. = 3.00
1103 *Mander.* (*C. van*) avec quatre vers latins. *H. Hondius* formis. in-4o. . . . . = 1.10
1104 *Matham.* (*J.*) *A. van der Does* sculps. in-4o. . = 0.90
1105 *Mierevelt.* (*M.*) *A. vvn Dijk* pinx. *W. J. Delff* sculps. gr. in-4o. . . . . = 2.00
avant la lettre. . . . . . = 3.00
1106 ——————— avec le portrait du prince Maurice d'Orange. *H. Hondius* exc. . . . . = 0.90
1107 *Mieris.* (*F. van*) se ipsum pinx. *J. Houbraken* sculps. in-fol. . . . . = 2.60
1108 *Mora.* (*A.*) sans noms d'art. in-4o. Rare. . . . = 1.80
1109 *Mijtens.* (*D.*) *A. van Dijck* pinx. *P. Pontius* sculps. gr. in-4o. . . . . = 1.40
1110 *Nuijen.* (*W. J.J.*) *H. van Hove Bz.* lithogr. in-fol. = 1.10
1111 ——————— lithogr. de *Soetens.* . . . = 0.20
1112 *Ostade.* (*A. van*) *J. Houbraken* sculps. in-8o. = 0.80
1113 *Overbeke.* (*B. van*) *J. C. le Blon* pinx. *C. Vermeulen* sculps. gr. in-fol. . . . . = 4.00
1114 *Palamedessen.* (*Palamedes.*) *A. van Dijck* pinx. *P. Pontius* sculps. gr. in-4o. . . . . = 2.30
1115 *Petri.* (*G.*) avec quatre vers latins. *H. Hondius* exc. in-4o. . , ... = 0.70
1116 —— (*P.*) *H. Hondius* fec. in-4o. . . . . . = 0.70
1117 *Pieneman.* (*J. W.*) *N. Pieneman* pinx. *J. W. Kaiser* sculps. in-fol. . . . . = 3.60
1118 ——— (*N.*) lithographié par *Baugniet* d'après nature. . . . . = 2.50
1119 *Ploos van Amstel. JCz.* (*C.*) *J. Buijs* pinx. *R. Vinkeles* sculps. in-8o. . . . . = 0.60

1120 *Poelenburgh.* (*C.*) *A. van Dijck* pinx. *P. de Jode* sculps. in-4°. . . . . *f* 1.40

1121 ———————— se ipsum del. *C. Waumans* sculps. in-4°. . . . . = 0.80

1122 *Pool.* (*J.*) et *Rachel Ruisch* sur la même feuille. *A. Schouman* del. *J. Houbraken* sculps. in-8°. . . . . = 0.90

1123 *Potter.* (*P.*) lithographie de la Société des Beaux arts. . . . . = 2.00

1124 *Pronk.* (*C.*) se ipsum del. *C. van Noorde* fec. à l'eau-forte in-4°. . . . . = 1.60

1125 *Quinkhard.* (*J. M.*) avec le portrait de *P. Tanjé. Quinkhard* pinx. *P. Tanjé* sculps. in-fol. . . . . . = 4.00

1126 *Ravesteijn.* (*J. van*) *A. van Dijck* pinx. *P. Pontius* sculps. gr. in-4°. . . . . = 1.60

1127 *Rembrandt van Rijn.* se ipsum pinx. *G. F. Schmidt* fec. aqua forti. in-4°. . , ... = 2.80

1128 ———————— *J. P. Lange* sculps. eau-forte in-4°. épreuve sur papier teint. . . . . = 1.00

1129 ———————— se ipsum pinx. *C. G. Lewis* sculps. en manière noire. 2 superbes épreuves, l'une à l'eau-forte pure, l'autre avant la lettre, offertes à *M. le Baron Verstolk de Soelen* par *M. John Smith* de Londres. = 12.00

1130 ———————— *J. de Freij* fecit aqua forti in-4°. suberbe épr. . . . . = 4.00

1131 ———————— *L. A. Claessens* sculps. à l'eau-forte. 2 superbes premières épreuves différentes, qui ont passées les collections *Robillard* et *Verstolk de Soelen.* = 14.00

1132 ———————— la belle lithographie de la Société des beaux arts. *H. van Hove Bz.* fecit. . . . . . = 3.00

1133 *Sachtleven.* (*C.*) *A. van Dijck* pinx. *L. Vorsterman* sculps. gr. in-4°. . . . . = 2.40

1134 ———— (*H.*) se ipsum pinx. *C. Waumans* sculps. in-4°. . . . . = 0.90

1135 *Schouman.* (*A.*) en manière noire sans noms d'art. in-4°. . . . . = 1.40

1136 *Scorel.* (*J.*) avec cinq vers latins sans noms d'art in-4°. = 1.20

1137 *Secundus.* (*Janus*) *E. de Boulonois* sculps. in-4°. = 0.50

1138 *Steen.* (*J.*) et sa femme *Marguérite van Goijen. J. Steen* pinx. *J. Heudelot* sculps. 2 F. in-fol. . . . . = 2.00

1139 ———— dessin au crayon par *A. J. Saurel* in-8°. . . . . = 1.00

1140 *Stork.* (*A.*) se ipsum pinx. *J. Houbraken* sculps. in-4°. = 0.80
avant la lettre. . . . . . = 1.20

1141 *Tanjé.* (*P.*) *J. M. Quinkhard* pinx. se ipsum sculps. in-fol. . . . . *f* 1.80

1142 *Terburg.* (*G.*) se ipsum del. *A. Bartsch* sculps. eau-forte in-4°. E. de B. 243. . . . . ʒ 2.60

1143 *Veen.* (*O. van*) *G. van Veen* pinx. *E. Ruchol* sculps. in-4°. . . . . ʒ 0.80

1144 ———————— *N. de Larmessin* sculps. in-4°. ʒ 0.60

1145 *Venne.* (*A. van de*) se ipsum pinx. *W. Hollar* fec. in-4°. . . . . ʒ 0.60

1146 ———————————— *D. van den Bremden* sculps. in-8°. . . . . ʒ 0.80

1147 *Verkolje.* (*N.*) avec six vers de *S. Feitama.* se ipsum pinx. *J. Houbraken* sculps. in-4°. . . . . ʒ 1.40

1148 *Vinne.* (*J. van der*) avec six vers de lui-même. *T. Jelgersma* pinx. *C. van Noorde* fec. à l'eau-forte in-4°. . ʒ 1.60

1149 *Visscher.* (*C.*) avec quatre vers latins. *H. Hondius* formis in-4°. . . . . ʒ 0.80

1150 *Vogelesangk.* (*J.*) se ipse pinx. *C. van Noorde* fec. à l'eau-forte pet. in-8°. . . . . ʒ 0.50

1151 ———————— plus grand par le même. belle épreuve sur satin. . . . . ʒ 1.60

1152 *Vorsterman.* (*L.*) *A. van Dijck* fecit aqua forti in-4°. ʒ 2.40

1153 *Vredeman.* (*J.*) avec quatre vers latins. *H. Hondius* formis in-4°. . . . . ʒ 1.20

1154 *Vries.* (*A. de*) avec quatre vers latins *H. Hondius* formis in-4°. . . . . ʒ 1.10

1155 *Vroom.* (*H.*) avec quatre vers latins. *H. Hondius* exc. in-4°. . . . . ʒ 1.20

1156 *Wassenbergh.* (*J. A.*) avec six vers hollandais. se ipsum pinx. *P. Tanjé* sculps. in-8°. . . . . ʒ 0.60

1157 *Wit.* (*J. de*) *J. M. Quinkhard* pinx. *J. Houbraken* sculps. in-4°. . . . . ʒ 0.80

1158 ———————— *Quinkhard* effig. pinx. *J. Stolker* ornam. inv. et del. Joli dessin à l'encre de Chine in-fol. . ʒ 7.50

1159 *Wolters née van Pee.* (*H.*) avec six vers de *H. van Burg.* se ipsum pinx. *J. Houbraken* sculps. in-4°. . ʒ 0.90

1160 ———————————————— par les mêmes, avec changement. in-4°. . . . . ʒ 0.90

Artistes divers.

1161 *Chambre.* (*J. de la*) célèbre calligraphe. *J. de Bray* pinx. *P. Holsteijn* sculps. in-fol. belle épr. . . . ʒ 3.00

1162 *Coppenol.* (*Lieven van*) *C. de Visscher* del et sculps. Bassan 22. belle épreuve avec une feuille d'écriture gr. in-fol. oblong, de la main de ce célèbre calligraphe (Collection Verstolk de Soelen). . . . . *f* 18.00

1163 *Hurlebosch.* (*C.*) organiste d'Amsterdam, beau portrait en manière noire, avant la lettre et les noms d'art. (*N. Verkolje?*) in-fol. Rare. . . . . = 4.80

1164 *Koster.* (*L. Jz.*) *T. Jelgersma* del. *J. Houbraken* sculps. in-fol. belle épr. . . . . = 1.70

1165 ——————— *J. van Campen* pinx. *P. Velijn* sculps. in-4o. . . . . = 1.40

1166 *Monti.* ( ) célèbre danseuse, avec huit vers hollandais *J. Xaverij* pinx. *J. Houbraken* sculps. in-fol. . = 1.20

1167 *Plantin.* (*C.*) avec huit vers latins de *J. Bochius. H. Goltzius* fecit. *Bartsch* 181. belle ancienne épr. = 3.40

1168 *Schwarz* ou *Munster*, inventeur de la poudre à canon, en manière noire, avant la lettre et les noms d'art. (*C. Dusart?*) gr. in-4o. Beau et rare. . . . . = 3.00

1169 *Solnizius*, musicien. avec six vers latins. *H. van der Mij* pinx. *P. Tanjé* sculps in-4o. . . . . = 0.60

Femmes célèbres.

1170 *Haasje Klaas*, donatrice de la maison d'orphelins à Amsterdam. *J. Houbraken* sculps. in-4o. . . . . = 0.60
avant la lettre. . . . . . = 0.80

1171 *Moons.* (*M.*) *C. Visscher* del. *J. Houbraken* sculps. in-4o. . . . . = 0.60

1172 *Reigersbergen.* (*M.*) femme de *Grotius. J. Houbraken* sculps. in-8o. . . . . = 0.50

1173 ——————— avec huit vers de *A. van Cattenburgh. J. Houbraken* sculps. in-fol. . . . . = 0.80

1174 *Strick.* (*Maria*) *Mierevelt* pinx. *W. Delff* sculps. in-4o. Rare. . . . . = 0.80

1175 *Ruijtenburgh.* (*Anne de*) femme de *A. Pauw. G. Terburg* pinx. *P. Holsteijn* sculps. in-4o. . . . . . . = 0.80

1176 *Utrecht.* (*Maria van*) femme d'*Oldenbarneveld. Mierevelt* pinx. *R. Vinkeles* sculps. in-4o. . . . . . . = 0.60

Divers.

1177 *Aijlva.* (*S. D. van*) *R. Vinkeles* sculps. in-8o. = 0.30

1178 *Bacot.* (*G. J. G.*) *Pothoven* del. *Vinkeles* sculps. in-8o. . . . . = 0.30

1179 *Batenburg.* (*D. Sr. de*) *Goltzius* del. *J. Houbraken* sculps. in-4o. . . . . *f* 0.40
avant la lettre. . . . . . = 0.60

1180 ——— (*G. Sr. de*) *Goltzius* del. *J. Houbraken* sculps. in-4o. . . . . = 0.40
avant la lettre. . . . . . = 0.60

1181 *Bentinck.* (*W. G. F. Cte de*) *R. Vinkeles* sculps. in-8o. = 0.30

1182 *Beijma.* (*C. L. van*) *R. Vinkeles* sculps. in-8o. = 0.30

1183 *Blaauw.* (*J.*) par le même. in-8o. . . . . . . = 0.30

1184 *Bondt.* (*N.*) par le même. in-8o. . . . . = 0.30

1185 *Branger.* (*J.*) par le même. in-8o. . . . . . . = 0.30

1186 *Brouwer.* (*J. D.*) par le même. in-8o. . . . . . = 0.30

1187 *Brunings.* (*C.*) par le même. in-8o. . . . . . = 0.30

1188 *Capellen.* (*A. P. Baron van de*) *J. F. Eick* del. *Vinkeles* sculps. in-8o. . . . . = 0.30

1189 ——— (*R. J. Baron van de*) *A. Claterbos* del. *R. Vinkeles* sculps. in-8o. . . . . = 0.30

1190 *Duivenboden.* (*W. Cz. dit*) *A. Delfos* del. *J. Houbraken* sculps. in-8o. . . . . = 0.40

1191 *Fabricius.* (*A. M.*) *Buijs* del. *R. Vinkeles* sculps. in-8o. = 0.40

1192 *Goes.* (*C. van der*) par les mêmes. in-8o. . . = 0.40

1193 *Greve.* (*E. J.*) *H. A. Baur* pinx. *R. Vinkeles* sculps. in-8o. . . . . = 0.30

1194 *Guijot.* (*H. D.*) *R. Vinkeles* sculps. in-8o. . . . = 0.30

1195 *Hoorn.* (*J. van*) et *J. van Selfstede* sa femme. *Quinkhard* pinx. *J. Houbraken* sculps. et exc. Deux beaux portraits. in-4o. . . . . = 3.00

1196 *Hovens.* (*K.*) *Hodges* pinx. *Vinkeles* sculps. in-8o. = 0.30

1197 *Lange van Wijngaarden.* (*C. J. de*) *Pothoven* del. *Vinkeles* sculps. in-8o. . . . . = 0.30

1198 *Kamerling.* (*A. Magarus surnommé Cato*) fameux scélérat. *P. Dam* del, *J. L. Claessens* sculps. in-fol. Rare. = 2.00

1199 *Kuijper.* (*J.*) centénaire *Quinkhard* pinx. *J. Houbraken* sculps. in-4o. Très-beau. . . . . - 1.80

1200 *Meetkerke.* (*A. van*) *Buijs* del. *R. Vinkeles* sculps. in-8o. . . . . = 0.20

1201 *Meijer.* (*C.*) *Hodges* del. *R. Vinkeles* sculps. in-8o. = 0.30

1202 *Midderigh.* (*H.*) *Dries* del. *Vinkeles* sculps. in-8o. = 0.30

1203 *Mist.* (*J. A. de*) *R. Vinkeles* sculps. in-8o. . = 0.30

1204 *Nieuwenhuizen.* (*J.*) *A. de Lelie* pinx. *L. Portman* sculps. in-8o. . . . . = 0.50

1205 *Oeveren.*(*C. van*)fameux orangiste,avec quatre vers hollandais. *G. Bakhuizen* pinx. *P. Tanjé* sculps. in-4o. . *f* 1.10

1206 *Peijman.* (*G. J.*) *Pothoven* del. *Vinkeles* sculps. in-8o. . . . . „ 0.30

1207 *Plancius.* (*P.*) *Buijs* del. *Vinkeles* sculps. in-8o. „ 0.40

1208 *Pous.* (*B. M.*) *R. Vinkeles* sculps. in-8o. . . „ 0.30

1209 *Veen.*(*J.Nuhout van der*) *R. Vinkeles* sculps.in-8o. „ 0.30

1210 *Vitringa.* (*J. L.*) *R. Vinkeles* sculps. in-8o. . „ 0.30

1211 *Westphalen.*(*F.A.*)*Buijs* del. *Vinkeles* sculps.in-8o. „ 0.30

1212 *Wilde.* (*G. H. de*) *L. G.* pinx. *R. Vinkeles* sculps. in-8o. . . . . „ 0.30

1213 *Witt.* (*J. de*) *R. Vinkeles* sculps. in-8o. . . . „ 0.30

1214 *Yzendoorn.* (*G. van*) *J. Buijs* del. *Vinkeles* sculps. in-8o. . . . . „ 0.40

1215 *Zuijlen van Nieveldt.* (*J. H. van*) *van 't Hoff* del. *R. Vinkeles* sculps. in-8o. . . . . „ 0.30

1216 ——————— (*C. W. van*) *R. Vinkeles* del. et sculps. in-8o. . . . . „ 0.30

1217 *Zwijndrecht.* (*L. van*) *Bruijninx* del. *R. Vinkeles* sculps. in-8o. . . . . „ 0.30

1218 Divers portraits gravés et lithographiés de la famille *de Geer* 5 F. in-fol. . . . . „ 3.60

LA BELGIQUE.

Chefs du Gouvernement.

1219 *Albe.* (*Ferdinand Alvarez Duc d'*) sans noms d'art. in-fol. . . . . *f* 0.50

1220 ——————————— *J. Houbraken* sculps in-8o. . . . . „ 0.40

1221 *Albert et Isabelle d'Autriche*, sans noms d'art. 2 F. in-fol. . . . . „ 1.00

1222 ——————————— *J. Houbraken* sculps. in-8o. . . . . „ 0.80

1223 *Albert Auguste Maurice et Marie Christine d'Autriche*, *Jacob Adam* fecit. 2 F. in-8o. . . . . . . „ 0.90

1224 *Ernest d'Autriche*, sans noms d'art. in-fol. . „ 0.50

1225 *Henri, Duc de Brabant. N. de Clerck* exc. in-4o. „ 0.50

1226 *Jean d'Autriche*, sans noms d'art. in-fol. . . . „ 0.50

1227 *Jean d'Autriche*, fils de *Philippe* IV. sans noms d'art. (*A. van Hulle* pinx.) in-fol. . . . . *f* 1.20

1228 ——————— avec des compartimens historiques, et une dédication en espagnol au Comte *de Belmont*. *R. de Hooghe* fecit gr. in-fol. . . . . ≠ 2.40

1229 *Leopold Guillaume d'Autriche*. *J. van Hoeck* pinx. *P. de Jode* sculps. in-4°. . . . . ≠ 0.60

1230 ——————————— à mi-corps avec huit vers latins de *C. Gevaerts*. *F. Luijcx* pinx. *P. Pontius* sculps. gr. in-fol. Beau. . . . . ≠ 4.00

1231 *Leopold* I, *Roi des Belges*. *Creuzbauer* exc. in-4°. épr. sur papier de Chine. . . . . ≠ 0.80

1232 *Matthias d'Autriche*. sans noms d'art. in-fol. . ≠ 0.50

1233 *Marguérite d'Autriche, Duchesse de Parme*. sans noms d'art. in-fol. . . . . ≠ 0.50

1234 ——————— ——————— *J. Punt* dir. in-8°. . . . . ≠ 0.30

1235 ——————————————— *J. Houbraken* sculps. in-4°. . . . . ≠ 0.50

1236 *Parme*. (*Alexandre Farnèse, Duc de*) sans noms d'art. in-fol. . . . . ≠ 0.50

1237 *Philippe II, Roi d'Espagne*. sans noms d'art. in-fol. ≠ 0.50

1238 —————————— *A. van der Werff* pinx. *J. Houbraken* sculps. à l'âge de 79 ans in-8°. . . . ≠ 0.50

1239 *Requesens*. (*Louis de*) sans noms d'art. in-fol. ≠ 0.50

Nobles. Hommes d'État.

1240 *Blois*. (*Jeanne de*) *A. van Dijck* pinx. *P. de Jode* sculps. in-fol. . . . . ≠ 1.00

1241 *Cuijermans*. (*J.*) *A. van Hulle* pinx. *P. Pontius* sculps. in-fol. . . . . ≠ 0.90

1242 *Ee*. (*F. van der*) *A. van Dijck* pinx. *J. Meijssens* fecit in-fol. . . . . ≠ 1.10

1243 *Egmond*. (*Marie Marguérite de Barlemont Comtesse d'*) *A. van Dijck* pinx. *J. Neefs* sculps. in-fol. . . . . ≠ 0.90

1244 *Faille*. (*A. de la*) *A. van Dijck* pinx. *A. Lommelin* sculps. in-fol. . . . . ≠ 1.40

1245 *Granvelle*. (*A. Perenot cardinal de*) *N. de Larmessin* sculps. in-4°. . . . . ≠ 0.60

1246 ————————————— avec quatre vers de *G. Brandt*. sans noms d'art. in-fol. . . . . . ≠ 0.50

1247 *Hertoge*. (*J. de*) *A. van Dijck* pinx. *J. Neefs* sculps. in-fol. . . . . ≠ 1.10

1248 *Leijen. (A. van)* avec quatre vers français. *E. Quellinus* pinx. *R. Collin* sculps. in-4°. . . . . *f* 0.50

1249 *Ligne. (Ernestine Princesse de) A. van Dijck* pinx. *M. Natalis* sculps. in-fol. . . . . = 1.00

1250 *Marselaer. (F. de) A. van Dijck* pinx. *A. Lommelin* sculps. in-fol. . . . . = 1.20

1251 ————————— avec quatre vers latins. *A. van Dijck* pinx. *C. Galle* sculps. in-fol. . . . . = 0.80

1252 *Mirabelle. (Marquis de) A. van Dijck* pinx. *A. Blotelingh* sculps. in-fol. . . . . = 1.90

1253 *Montfort. (J. de) A. van Dijck* pinx. *P. de Jode* sculps. in-fol. . . . . = 1.30

1254 *Noot. (H. C. N. van der) P. de Glim* pinx. *T. de Roode* sculps. in-fol. . . . . = 1.40

1255 *Roij. (J. Le) Sr.de Herbaix. A. van Dijck* pinx. *A. Lommelin* sculps. in-fol. . . . . = 1.50

1256 *Stevens. (A.) A. van Dijck* pinx. *A. Lommelin* sculps. in-fol. . . . . = 1.50

1257 *Wemmelius. (E. Taie Baron) A. van Dijck* pinx *C. Galle* sculps. in-fol. . . . . = 1.20

Ecclésiastiques.

1258 *Beughem. (J. F. de)* Évêque d'Anvers. *F. Ertinger* fecit aqua-forti gr. in-fol. . . . . = 4.00

1259 *Bisthoven. (J. B. de) A. van Dijck* pinx. *A. Lommelin* sculps. in-fol. . . . . = 1.50

1260 *Capellus. (M. A.)* Évêque d'Anvers, avec huit vers latins. *A. van Diepenbeke* del. *P. Pontius* sculps. in-fol. Très beau. . . . . = 3.40

1261 *Faille. (J. C. de la) A. van Dijck* pinx. *A Lommelin* sculps. in-fol. . . . . = 1.50

1262 *Garnier. (J. A. de) R. Collin* fecit in-fol. . . . = 1.80

1263 *Haeften. (B. van) C. Vermeulen* sculps. in-fol. = 2.20

1264 *Hontsum. (Z. van) A. van Dijck* pinx. *A. Lommelin* sculps. in-fol. . . . . = 1.40

1265 *Malderus. (J.) A. van Dijck* pinx. *A. Lommelin* sculps. in-fol. . . . . = 1.40

1266 *Neijen.(J.)M.Mierevelt* pinx. *J.Muller* sculps. in-fol. = 2.00

1267 *Scribani. (C.) A. van Dijck* pinx. *P. Pontius* sculps. in-4°. . . . . = 1.40

1268 ————————— *A. van Dijck* pinx. *P. Clouet* sculps. in-fol. . . . . = 1.20

Savants.

1269 *Bollandus.* (*J.*) *P. Fruijtiers* del. *R. Collin* sculps. in-fol. . . . . *f* 1.00
1270 *Boudewijns.* (*M.*) *A. van Diepenbeke* del. *P. Clouet* sculps. in-fol. . . . . = 0.80
1271 *Marcquis.* (*G.*) *A. van Dijck* pinx. *P. de Jode* sculps. in fol. . . . . = 0.80
1272 *Meteren.* (*E. van*) *E. de Boulonois* fecit in-4°. = 0.40
1273 ——————— *R. D. Boud* sculps. in-fol. . = 0.50
1274 ——————— avec souscription latine sans noms d'art. in-fol. Beau. . . . . = 1.40
1275 *Mercator.* (*G.*) sans noms d'art. in-4°. Rare. . = 0.70
1276 *Miraeus.* (*A.*) *A. van Dijck* pinx. *P. Pontius* sculps. in-fol. . . . . = 1.90
1577 *Montanus.* (*B. A.*) avec six vers latins. *Balth Jenichen* sculps. in-4°. Rare. . . . . = 1.10
1278 *Ortelius.* (*A.*) *E. de Boulonois* fecit in-4°. . = 0.60
1279 *Sleidanus.* (*J.*) avec deux vers latins sans noms d'art. in-4°. Rare. . . . . = 0.90
1280 *Vesalius.* (*A.*) *E. de Boulonois* fecit in-4°. . = 0.60

Peintres. Dessinateurs. Sculpteurs. Graveurs.

1281 *Arthois.* (*J. d'*) *J. Meijssens* pinx. et exc. *P. de Jode* sculps. in-4°. . . . . = 0.80
1282 *Assche.* (*H. van*) lithographié par *Baugniet* d'après nature gr. in-fol. . . . . = 2.50
1283 *Badens.* (*F.*) avec quatre vers latins. *H. Hondius* exc. in-4°. . . . . = 0.90
1284 *Balen.* (*J. van*) se ipsum pinx. *W. Hollar* fecit in-4°. fatigué. . . . . = 0.40
1285 *Bernardo.* (*de*) avec huit vers latins. *H. Hondius* exc. in-4°. . . . . = 0.70
1286 *Bie.* (*A. de*) *P. Meert* pinx. *L. Vorstermans Jr.* sculps. in-4°. . . . . = 1.10
1287 *Boel.* (*P.*) *E. Quellinus* pinx. *C. Lauwers* sculps. in-4°. . . . . = 0.50
1288 *Bol.* (*H.*) avec quatre vers latins. *H. Hondius* formis. in-4°. . . . . = 0.90
1289 *Bolswart.* (*Scelte A.*) *A. van Dijck* inv. *A. Lommelin* sculps. in-fol. . . . . = 1.40

1290 *Borcht.* (*H. van der*) *H. van der Borcht Jr.* pinx *W. Hollar* fecit in-4°. . . . . *f* 0.60

1291 *Bredael.* (*P. van*) *Abbé* del. *C. Lauwers* sculps. in-4°. . . . . „ 0.80

1292 *Breughel.* (*P.*) avec onze vers latins, sans noms d'art. in-4°. . . . . „ 1.20

1293 *Bril.* (*P.*) avec quatre vers latins. *H. Hondius* fecit. in-4°. . . . . „ 0.90

1294 *Broeck.* (*C. van den*) avec quatre vers latins. *H. Hondius* exc. in-4° . . . . „ 0.90

1295 *Bueckelaer.* (*J.*) avec quatre vers latins, sans noms d'art. in-4°. . . . . „ 0.90

1296 *Cachopin.* (*J. de*) *A. van Dijck* pinx. *L. Vorsterman* sculps. gr. in-4°. . . . . „ 1.40

1297 *Champagne.* (*P. de*) se ipsum pinx. *Ph. le Febvre* sculps. in-8°. . . . . „ 1.10

1298 *Cleef.* (*H. van*) avec quatre vers latins. *H. Hondius* exc. in-4°. . . . . „ 0.90

1299 —— (*J. van*) avec quatre vers latins, sans noms d'art. in-4°. . . . . „ 0.90

1300 *Coco.* (*M.*) avec six vers latins. *H. Hondius* exc. in-4°. „ 0.90

1301 *Coeberger.* (*W.*) *A. van Dijck* pinx. *L. Vorstermans* sculps. gr. in-4°. . . . . „ 1.60

1302 *Coecx.* (*M.*) avec quatre vers latins. *H. Hondins* exc. in-4°. . . . . „ 0.90

1303 *Conincxloo.* (*G.*) avec quatre vers latins. *H. Hondius* exc. in-4°. . . . . „ 0.90

1304 *Colijns de Nole.* (*A.*) *A. van Dijck* pinx. *P. de Jode* sculps. gr. in-4°. . . . . „ 2.20

1305 *Coques.* (*G.*) seipsum pinx. *P. Pontius* sculps. in-4°. „ 0.80

1306 *Cornelissen.* (*A.*) *A. van Dijck* pinx. *L. Vorsterman* sculps. gr. in-4°. . . . . „ 2.50

1307 *Cossiers.* (*J.*) se ipsum pinx. *P. de Jode* sculps. in-4°. „ 0.90

1308 *Craijer.* (*G. de*) *A. van Dijck* pinx. *J. Neefs* sculps. in-4°. . . . . „ 0.90

1309 *Deijnum.* (*J. B. van*) se ipsum pinx. *C. Waumans* sculps. in-4°. . . . . „ 0.80

1310 *Dijck.* (*A. van*) se ipsum pinx. *De Larmessin* sculps. in-4°. . . . . „ 0.90

1311 ———— se ipsum pinx. *P. Pontius* sculps. in-4°. . . . . „ 0.80

1312 ———— joli dessin par lui-même à l'huile sur papier. gr. in-4°. (Collection *Collot d'Escurij.*)

1313 *Es.* (*J. van*) *J. Meijssens* pinx. et exc. *W. Hollar* fecit. in-4°. . . . . ≠ 0.70

1314 *Eijck.* (*H. van*) avec huit vers latins. *M. Coxennius* pinx. *H. Hondius* exc. in-4°. . . . . ≠ 1.40

1315 —— (*J. van*) avec six vers latins. *H. Hondius* exc. in-4°. . . . . ≠ 0.90

1316 ———————— copie à l'envers du précédent. *E. de Boulonois* fecit. in-4°. . . . . ≠ 0.40

1317 *Faijdherbe.* (*L.*) *G. Coques* pinx. *P. de Jode* sculps. in-4°. . . . . ≠ 0.80

1318 *Floro.* (*F.*) avec six vers latins *H. Hondius* exc. in-4°. ≠ 0.90

1319 *Franchoijs.* (*L.*) se ipsum pinx. *C. Waumans* sculps. in-4°. . . . . ≠ 1.00

1320 ———— (*P.*) *L. Franchoijs* pinx. *C. Waumans* sculps. in-4°. . . . . ≠ 0.60

1321 *Gasselo.*(*L.*) avec huit vers latins, sans noms d'art. in-4°. ≠ 0.50

1322 *Geest.* (*C. van der*) *A. van Dijck* pinx. *P. Pontius* sculps. gr. in-4°. . . . . ≠ 1.60

1323 *Gerbier.* (*B.*) *A. van Dijck* pinx. *J. Meijssens* exc. in-4°. . . . . ≠ 0.70

1324 *Geijn.* (*J. de*) avec quatre vers latins. *H. Hondius* exc. in-4°. . . . . ≠ 0.80

1325 *Hecke.* (*J. van den*) se ipsum pinx. *C. Waumans* sculps. in-4°. . . . . ≠ 1.10

1326 *Heil.* (*D. van*) *J. B. van Heil* pinx. *F. Bouttats* sculps. in-4°. . . . . ≠ 0.80

1327 —— (*J. B. van*) se ipsum pinx. *F. Bouttats* sculps. in-4°. . . . . ≠ 0.80

1328 —— (*L. van*) *J. B. van Heil* pinx. *F. Bouttats* sculps. in-4°. . . . . ≠ 0.80

1329 *Hoeck.* (*R. van*) *G. Coques* pinx. *C. Caukercken* sculps. in-4°. . . . . ≠ 0.80

1330 *Hollando.* (*J.*) avec six vers latins. *H. Hondius* exc. in-4°. . . . . ≠ 1.60

1331 *Hondius.* (*H.*) se ipsum del. *F. Bouttats* fecit. in-4°. ≠ 0.90

1332 *Hoefnagel.* (*G.*) avec souscription latine. *J. Sadeler* fecit. in-8°. Rare. . . . . ≠ 1.30

1333 *Jode.* (*P. de*) le vieux. *M. Ferdinand* pinx. *P. de Jode Jr.* sculps. in-4°. . . . . ≠ 1.00

1334 ———————— le jeune. *F. Willeborts* pinx. *P. de Jode* sculps. in-4°. . . . . ≠ 1.00

1335 *Jonghe.* (*J. B. de*) lithographié par *Baugniet.* gr. in-fol. ≠ 2.50

1336 *Jordaens.* (*J.*) seipsum pinx. *P. de Jode* sculps. in-4°. ≠ 1.10

1337 *Kessel.* (*J. van*) *E. Quellinus* pinx. *A. Voet Jr.* sculps. in-4°. . . . . ƒ 1.10

1338 *Kremer.* (*P.*) lithographié par *Baugniet* d'après nature. gr. in-fol. . . . . ƒ 2.50

1339 *Lamen.* (*C. van der*) *A. van Dijck* pinx. *P. Clouët* sculps. in-4°. . . . . ƒ 2.40

1340 *Lint.*(*P. van*) se ipsum pinx. *P. de Jode* sculps. in-4°. ƒ 0.50

1341 *Loon.* (*Th. van*) *A. van Dijck* pinx. *P. Pontius* sculps. gr. in-4°. . . . . ƒ 2.40

1342 *Maio.*(*J.*) avec dix vers latins, sans noms d'art. in-4°. ƒ 0.90

1343 *Maubuse.* (*J. de*) avec six vers latins. *H. Hondius* exc. in-4°. . . . . ƒ 0.90

1344 *Meerte.* (*P.*) *C. Caukercken* fecit. in-4°. . . . ƒ 1.40

1345 *Metsys.*(*Q.*) avec huit vers latins. *H. Hondius* exc. in-4°. ƒ 1.40

1346 *Meijssens.* (*J.*) *A. van Dijck* pinx. *C. Galle Jr.* sculps. gr. in-4°. . . . . ƒ 2.60

1347 ——————— se ipsum pinx. *C. Meijssens* sculps. in-4°. . . . . ƒ 0.90

1348 *Momper.* (*J. de*) *Ant. van Dijck* fecit aqua-forti. gr. in-4°. Belle épreuve. . . . . ƒ 5.00

1349 ——————— avec quatre vers latins. *H. Hondius* exc. in-4°. . . . . ƒ 1.20

1350 *Mont.* (*D. del*) se ipsum pinx. *C. Waumans* sculps. in-4°. . . . . ƒ 0.70

1351 *Mostart.* (*G.*) avec quatre vers latins. *H. Hondius* exc. in-4°. . . . . ƒ 1.00

1352 *Mijtens.* (*A.*) avec quatre vers latins. *H. Hondius* fec. in-4°. . . . . ƒ 1.00

1353 *Nieulant.* (*A. van*) *C. Janssens* pinx. *C. Waumans* sculps. in-4°. . . . . ƒ 0.60

1354 ———— (*W. van*) *J. Meijssens* fecit. et exc. in-4°. ƒ 0.80

1355 *Odevaere.* (*J.*) se ipsum lithographice del. Parisis 1816. gr. in-fol. . . . . ƒ 2.40

1356 *Oort.* (*A. van*) *J. Jordaens* pinx. *H. Snijers* sculps. in-4°. . . . . ƒ 0.80

1357 *Opstal.* (*A. van*) *A. van Dijck* pinx. *L. Vorsterman* sculps. gr. in-4°. Belle épreuve, avant le nom du graveur. ƒ 3.20

1358 *Peeters.* (*B.*) *J. Meijssens* pinx. et exc. *W. Hollar* fecit. in-4°. . . . . ƒ 0.70

1359 ———— (*J.*) *L. Vorsterman Jr.* del. et sculps. in-4°. ƒ 0.70

1360 *Pepijn.* (*M.*) *A. van Dijck* pinx. *S. à Bolswert* sculps. gr. in-4°. . . . . ƒ 2.60

1361 *Pontius.*(*P.*) *J. Livens* pinx. *P. de Jode* sculps. in-4°. ƒ 1.00

1362 *Pourbus.* (*F.*) avec quatre vers latins. *H. Hondius* form. in-4°. . . . . ƒ 070.

1363 *Queboren.* (*C. van*) avec quatre vers latins. *H. Hondius* exc. in-4°. . . . . ƒ 0.70

1364 *Quellinus.* (*A.*) *E. Quellinus* pinx. *R. Collin* sculps. in-4°. . . . . ƒ 0.70

1365 ——— *Jr.* (*A.*) *J. de Duijts* pinx. *C. Lauwers* sculps. in-4°. . . . . ƒ 0.80

1366 ——— (*E.*) se ipsum del. *P. de Jode* sculps. in-4°. ƒ 0.80

1367 *Rombouts.* (*Th.*) *A. van Dijck* pinx. *P. Pontius* sculps. in-4°. . . . . ƒ 2.20

1368 *Roore.* (*J. de*) se ipsum pinx. *J. Punt* sculps. in-4° ƒ 1.40
avant la lettre. . . . . . ƒ 1.80

1369 *Rubens.* (*P. P.*) se ipsum pinx. *J. Meijssens* exc. in-4°. . . . . ƒ 0.70

1370 ——————— *A. van Dijck* pinx. *E. de Boulonois* fecit. in-4°. . . . . ƒ 0.40

1371 ——————— la tête couverte d'un chapeau, se ipsum pinx. *E. Maréchal* del. et sculps. in-fol. . . . ƒ 4.00

1372 ——————— et sa 1e épouse *Isabelle Brandt. P. P. Rubens* pinx. *L. A. Claessens* sculps in-fol. 2 superbes épreuves. . . . . ƒ 9.00

1373 ——————— dessin à la plume pet. in-8°. sans noms d'art. . . . . ƒ 1.20

1374 *Rijchart.* (*M.*) *A. van Dijck* pinx. *J. Neefs* sculps. in-fol. . . . . ƒ 2.80

1375 *Rijckaert.* (*D.*) se ipsum pinx. *F. Bouttats* sculps. in-4°. . . . . ƒ 0.80

1376 *Sadeler.* (*G.*) se ipsum pinx. *P. de Jode* sculps. in-4°. ƒ 0.80

1377 ——— (*J.*) *C. Waumans* sculps. in-4°. . . . ƒ 0.80

1378 ——— (*R.*) *C. Waumans* sculps. in-4°. . . . ƒ 0.80

1379 *Sambix.* (*F. van*) avec huit vers latins de *Crucius. Mierevelt* pinx. *Delff* sculps. in-fol. sup. portrait. . ƒ 3.60

1380 *Saverij.* (*R.*) *A. Willaerts* del. *J. Meijssens* fecit et exc. in-4°. . . . . ƒ 0.80

1381 *Savoijen.* (*C. van*) se ipsum fecit aqua forti in-4°. ƒ 1.20

1382 *Segers.* (*D.*) avec deux vers latins. *J. Livens* pinx. sans nom de graveur. gr. in-4°. . . . . ƒ 2.00

1383 ——————— copie pet. in-4°. du précédent *J. Meijssens* exc. . . . . ƒ 0.70

1384 ——— (*G.*) *A. van Dijck* pinx. *L. Vorsterman* sculps. gr. in-4°. . . . . ƒ 1.50

1385 *Segers.* (*G.*) *P. Pontius* sculps. gr. in-4o. . . . *f* 2.40

1386 ——— se ipsum pinx. *P. de Jode* sculps. in-4o. = 0.80

1387 *Simons.* (*Q.*) *A. van Dijck* pinx. *P. de Jode* sculps. gr. in-4o. . . . . = 1.60

1388 *Snaijers.* (*P.*) *D. van Heil* pinx. *C. Caukercken* fecit in-4o. . . . . = 0.70

1389 *Snijders.* (*F.*) *A. van Dijck* pinx. *J. Meijssens* exc. in-4o. . . . . = 1.00

1390 *Son.* (*G. van*) *E. Quellinus* pinx. *C. Lauwers* sculps. in-4o. . . . . = 0.70

1391 *Spranger.* (*B.*) avec quatre vers latins. *H. Hondius* exc. in-4o. . . . . = 0.80

1392 *Stradan.* (*J.*) avec quatre vers latins. *Hondius* exc. in-4o. . . . . = 0.70

1393 *Tassis.* (*A. de*) *A. van Dijck* pinx. *J. Neefs* sculps. gr. in-4o. . . . . = 1.40

1394 *Teniers.* (*D.*) le vieux. *P. van Mol* pinx. *P. van Leijsebetten* sculps. in-4o. . . . . = 0.90

1395 ——— le jeune. se ipsum pinx. *P. de Jode* sculps. in-4o. . . . . = 0.90

1396 *Thielen.* (*J. P. van*) *E. Quellinus* pinx. *R. Collin* sculps. in-4o. . . . . = 0.60

1397 *Utrecht.* (*A. van*) *J. Meijssens* pinx. et exc. *C. Waumans* sculps. in-4o. . . . . = 0.80

1398 *Verbrugghen.* (*P.*) *E. Quellinus* pinx. *C. Lauwers* sculps. in-4o. . . . . = 0.60

1399 *Verhaecht.* (*T.*) *C. van Caukercken* fec. in-4o. = 0.60

1400 *Vos.* (*M. de*) avec quatre vers latins. sans noms d'art. in-4o. . . . . = 0.70

1401 —— (*P. de*) *A. van Dijck* pinx. et fecit aqua-forti *S. a. Bolswert* sculps. gr. in-4o. . . . . = 2.60

1402 ——— *A. van Dijck* pinx. *A. Lommelin* sculps. gr. in-4o. . . . . = 2.60

1403 —— (*S. de*) *A. van Dijck* pinx. *P. Pontius* sculps. gr. in-4o. . . . . = 2.60

1404 *Vranquart.* (*J.*) *J. Meijssens* exc. in-4o. . . . = 0.70

1405 *Vrancx.* (*S.*) *A. van Dijck* pinx. *S. à Bolswert* sculps. gr. in-4o. . . . . = 2.00

1406 *Wael.* (*J. de*) *A. van Dijck* pinx. *A. Lommelin* sculps. in-fol. . . . . = 1.20

avant la lettre. . . . . . = 1.80

1407 —— (*L.* et *C. de*) sur la même feuille. *A. van Dijck* pinx. *W. Hollar* fecit in-fol. épr. fatiguée. . . . . . = 1.00

1408 *Wildens.* (*J.*) *A. van Dijck* pinx. *P. Pontius* sculps. gr. in-4°. . . . . = 2.50

1409 *Willaerts.* (*A.*) se ipsum del. *F. van de Steen* sculps. in-4°. . . . . = 0.70

1410 *Wingius.* (*J.*) avec quatre vers latins. *H. Hondius* exc. in-4°. . . . . = 0.90

1411 *Witte.* (*G. de*) *A. Goebou* pinx. *R. Collin* sculps. in-4°. 0.60

1412 *Wouters.* (*F.*) se ipsum pinx. *P. de Jode* sculps. in-4°. = 0.80

LA FRANCE.

Rois. Princes et Princesses.

1413 *Portraits des Rois de France*, avec un sommaire discours contenant les principales actions de leurs règne, leurs naissances, mariages, decès et et autres remarques curieuses; depuis *Pharamond* jusques au Roy *Louis* XIV. Paris *L. Boissevin.* Suite de 65 portraits in-4°; pour le portrait de Louis XIV qui manquait est ajouté un autre. Rare. . . = 6.00

1414 *Henri* IV. *A. Lommelin* sculps. in-fol. . . . . = 1.00

1415 ——— sans noms d'art. in-fol. . . . . . = 0.60

1416 ——— *Jannet* pinx. *A. De Marcenay* sculps. in-8°. . . . . = 0.80

1417 ——— buste en grandeur naturelle. *Delpêche* del. *Ruotte* sculps. gr. in-fol. . . . . = 3.00

1418 *Henry*, *Duc de Montpensier.* avec quatre vers français sans noms d'art. *Paul de la Houe exc.* in-8°. Rare. = 1.00

1419 *François de Valois*, *Duc d'Anjou.* sans noms d'art. in-fol. . . . . = 0.70

1420 *Charles*, *Duc de Bourbon* (*le Connétable*) *le Titien* pinx. *L. Vorsterman* sculps. in-fol. épr. doublée. . . = 1.10

1421 *Antoine de Bourbon*, fils naturel de *Henri* IV. *A. van Dijck* pinx. *P. de Balliu* sculps. in-fol. . . . = 1.70

1422 *Louis* XIII. sans noms d'art. in-fol . . . . . = 1.00

1423 ——— *B. Picart* sculps. dir. in-fol. . . . = 0.60

1424 ——— *Ph. Champaigne* pinx. *J. Morin* sculps in-fol. Beau. . . . . = 3.00

1425 *Anne, femme de Louis* XIII. *P. P. Rubens* pinx. *J. Louijs* sculps. in-fol. . . . . *f* 2.40

1426 *Gaston Jean Baptiste, Duc d'Orléans* et sa femme. *A. van Dijck* pinx. *P. van Sompel* sculps. 2 F. in-fol. . . . . ≈ 4.00

1427 *Henri d'Orléans, Duc de Longueville* et sa femme *Anne de Bourbon. A. van Hulle* pinx. *P. Pontius* sculps. 2 F. in-fol. . . . . ≈ 2.60

1428 *Henriette Marie de France. A. van der Werff* pinx. *C. Simonneau* sculps. in-fol. . . . . ≈ 0.70

1429 *Louis* XIV. *G. Valck* fecit et exc. en manière noire. in-fol. . . . . ≈ 2.00

1430 ——— *B. Picart* sculps. dir. in-fol. . . . ≈ 0.60

1431 *Louis* XV. *Heilman* pinx. *J. Houbraken* sculps. in-fol. . . . . ≈ 1.00

1432 ——— *A. Schouman* del. *J. Houbraken* sculps. in-8o. . . . . ≈ 0.40

1433 *Louis, Duc d'Orléans. C. Coijpel* pinx. *P. Drevet* sculps. in-4o. . . . . ≈ 2.00

1434 ——— *Klein* pinx. *Wille* sculps. gr. in-4o. . . . . ≈ 3.00

1435 *Marie Thérèse d'Espagne Dauphine de France. Klein* pinx. *Wille* sculps. gr. in-4o. . . . . ≈ 3.00

1436 *Marie Josephe de Saxe Dauphine de France. Klein* pinx. *Wille* sculps. gr. in-4o. . . . . ≈ 3.00

1437 *Marie Thérèse de Savoie Comtesse d'Artois. Dupin* sculps. in-fol. . . . . ≈ 1.40

1438 *Louis* XVI. *Schleich* sculps. gr. in-fol. . . . . ≈ 0.90

1439 *Marie-Antoinette d'Autriche. Reine de France. Kranzinger* pinx. *C. le Vasseur* sculps. in-fol. . . . ≈ 1.40

1440 *Napoléon, Empereur.* buste en grandeur naturelle. *David* pinx. *N. Bertrand* sculps. gr. in-fol. . . . . . ≈ 10.00

1441 ——— dessiné et gravé par *Salmon* gr. in-8o. . . . . ≈ 0.60

1442 ——— à cheval en 1815. *H. Vernet* pinx. *M. Lavigne* lithogr. in-fol. . . . . ≈ 0.90

1443 *Louis Bonaparte. G. Kockers* del. et sculps. 1808 in-4o, ... ≈ 0.80

1444 ——— *A. Desnoijers* del. in-8o. . ≈ 0.50

1446 *Eugène Napoléon et Auguste Amélie de Bavière. A. Locatelli* del. *P. Caronni* sculps. sous la direction de *G. Longhi* 2 F. in-fol. . . . . ≈ 7.00

1446 *Napoléon, Duc de Reichstadt* à cheval, en uniforme de colonel de hussards hongrois. en aqua-tinta gr. in-fol. Superbe épreuve avant la lettre et les noms d'art. (*Jazet* sculps.?) . . . . ≠ 6.00

Hommes d'État.

1447 *Argouges de Ranes.* (*H. d'*) *Largillière* pinx. *Petit* sculps. in-8º. . . . . ≠ 0.70

1448 *Avaugour.* (*C. Baron d*) *A. van Hulle* pinx. *M. Borrekens* sculps. in-fol. . . . . ≠ 1.00

1449 *Avaux.* (*C. de Mesmes Comte d'*) *A. van Hulle* pinx. *P. Pontius* sculps. in-fol. . . . . ≠ 1.00

1450 *Bernard.* (*Ch.*) *M. Lasne* delin. et fec. in-fol. ≠ 1.40

1451 *Bignon.* (*H.*) *P. van Schuppen* sculps. gr. in-4º. ≠ 1.80

1452 *Choppin.* (*R.*) *Jannet* pinx. *J. C. Flipart* sculps. in-fol. . . . . ≠ 2.00

1453 *Fleurij.* (*A. H. Cardinal de*) avec six vers français. *Antreau* pinx. *J. Houbraken* sculps. in-4º. . . . . . ≠ 1.20

1454 *Fouché, Duc d'Otrante.* (*J.*) en aqua-tinta, sans noms d'art. in-8º. . . . . ≠ 0.50

1455 *Gravieu, Comte de Vergennes.* (*Ch.*) *R. Vinkeles* sculps. in-8º. . . . . ≠ 0.30

1456 *Hénault* (*le président*) *Voyez min.* sculps. in-fol. ≠ 1.40

1457 ——————— *J. Houbraken* sculps. in-4º. épr. avant la lettre. . . . . ≠ 1.50

1458 *Herault.* (*R.*) *J. E. Liotard* pinx. *P. Dupin* sculps. in-8º. . . . . ≠ 0.70

1459 *Janin.* (*P.*) sans noms d'art. in-4º. Rare. . . ≠ 0.80

1460 *Jauna.* (*le chevalier D.*) *J. Schell* pinx. *P. Tanjé* sculps. gr. in-4º. . . . . ≠ 1.30

1461 *Longueil.* (*J. de*) *C. Mellan* del. et sculps. in-4º. ≠ 1.20

1462 *Malapeire.* (*G. Vandages de*) avec six vers français. *N. Bazin* sculps. 1703 in-fol. . . . . ≠ 1.30

1463 *Maupeou.* (*R. Ch. de*) avec quatre vers de *N. le Roij. J. Chevallier* pinx. *Petit* sculps. in-fol. . . . ≠ 1.80

1464 *Mazarin.* (*J. Cardinal*) *B. Picart* sculps. dir. in-fol. ≠ 0.60

1465 ——————— *Nantueil* ad vivum del. et sculps. in-fol. . . . . ≠ 5.00

1466 *Molé.* (*E.*) *R. Nantueil* sculps. in-fol. . . . . ≠ 3.00

1467 *Necker.* (*P.*) *J. S. Duplessis* pinx. *Aug. de St. Aubin* sculps. in-fol. . . . . ≠ 2.80

1468 *Pasquier.* (*E.*) *L. Gaultier* sculps. in-8º. . . ≠ 0.70

1469 *Peiresc.* (*N. C. F. de*) *C. Mellan* del. et sculps. in-4o. . . . . *f* 1.20

1470 *Phelijpeaux Marq. de Chasteauneuf.* (*B.*) *P. Mignard* pinx. *C. Vermeulen* sculps. in-4o. . . . . . = 1.00

1471 *Richelieu.* (*A. J. de Plessis Cardinal Duc de*) *B. Picart* sculps dir. in-fol. . . . . = 0.60

1472 ———————————————— avec quatre vers français, sans noms d'art. gr. in-8o. Rare. . = 1.20

1473 ———————————————— *R. Nantueil* ad viv. pinx. et sculps. in-fol. . . . . . = 5.00

1474 *Roche.* (*A. S. Comte de la*) *A. van Hulle* pinx. *P. Pontius* sculps. in-fol. . . . . = 1.00

1475 *Seguier.* (*P.*) *C. Mellan* del. et sculps. 1639 in-fol. Beau et recherché. . . . . = 4.00

1476 *Thou.* (*J. A. de*) *Du Moustier* pinx. *R. Lochon* sculps. in-fol. . . . . = 2.00

1477 ———————— avec quatre vers français. *P. v. G.* sculps. gr. in-4o. . . . . = 1.40

1478 *Vaijerius.* (*F. M.*) *Nanteuil* ad viv. del. et sculps. in-fol. . . . . = 3.00

1479 *Verdun.* (*de*) *C. Mellan* sculps. in-8o. . . . . = 0.60

Ecclésiastiques.

1480 *Amelot.* (*Michael*) Archevêque. buste en grandeur naturelle. *Nantueil* ad vivum faciebat 1675 gr. in-fol. . . . = 10.00

1481 *Arnauld, Evêque d'Angers.* (*H.*) sans noms d'art. in-8o. . . . . = 0.80

1482 *Augerius.* (*E.*) jésuite. sans noms d'art. in-fol. = 0.80

1483 *Avrillon.* (*J. B. E.*) *J. B. Scotin* sculps. in-8o. . = 0.90

1484 *Barbarini.* (*le Cardinal*) *Nantueil* ad vivum delin. et sculps. in-fol. belle épr. . . . . = 4.40

1485 *Binet.* (*E.*) jésuite. *C. le Bron* pinx. *M. Lasne* sculps. in-4o. . . . . = 0.80

1486 *Bochart.* (*S.*) *P. van Schuppen* faciebat 1699. gr. in-4o. . . . . = 1.10

1487 *Bossuet.* (*J. B.*) *H. Rigaud* pinx. *C. Roij* sculps. in-8o. . . . . = 0.90

1488 *Bourguignon.* (*Antoinette*) avec six vers. *P. van Gunst* sculps. in-4o. . . . . = 0.80

1489 *Boutillier.* (*Victor le*) Archevêque de Tours. *C. Mellan* sculps. in-4o. . . . . = 1.20

1490 *Brissac.* (*B. de*) *L. F. du Bourg* pinx. *P. Tanjé* sculps. in-fol. . . . . = 0.70

1491 *Bruno.* (*Saint*) *Drevet* exc. in-4°. . . . . . *f* 1.40

1492 *Cambray.* (*Charles Archevêque Duc de*) *H. Rigaud* pinx. *G. F. Schmidt* sculps. gr. in-fol. *Jacobij* 47. . = 4.00

1493 *Camus.* (*J. P.*) Evêque de Belley. *C. Mellan* sculps. in-8°. . . . . = 1.30

1494 *Caijlus.* (*C. G. de Tubières*) Évêque d'Auxerre. *Fontaine* pinx. *Schmidt* sculps. gr. in-fol. *Jacoby* 40. . = 4.00

1495 *Cene.* (*Ch. le*) *F. M. La Cave* fecit. in-fol. . = 1.40

1496 *Chaise.* (*F. de la*) avec quatre vers. *A. Trouvain* sculps. in-8°. . . . . = 0.80

1497 ——————— sans noms d'art. in-fol. Beau. = 1.60

1498 *Coesanne.* (*Père*) Général des Capucins. *C. Mellan* del. et sculps. in-4°. . . . . = 1.10

1499 *Coton.* (*P.*) jésuite. *G. Bouttats* sculps. in-fol. = 0.80

1500 *Crevant-d'Humières.* (*Anne Louise de*) *P. Drevet* sculps. in-4°. . . . . = 1.00

1501 *Crillon.* (*de*) Évêque d'Uzés. *C. Mellan* del. et sculps. in-4°. . . . . = 1.20

1502 *Delamet.* (*L.*) *H. Rigaud* pinx. *P. Drevet* sculps. gr. in-fol. . . . . = 4.00

1503 *Fénélon.* (*F. de Salignac de la Motte*) Archevêque Duc de Cambray. *J. Vivien* pinx. *F. Dupin* sculps. in-8°. = 0.70

1504 ———————————————— avec quatre vers. *J. Vivien* pinx. *P. Endlich* sculps. in-8°. Beau. . = 0.90

1505 *Feullian.* (*Frère Blaise*) en pied. *De Troy* pinx. *B. Audran* sculps. gr. in-fol. Rare. . . . . = 2.00

1506 *Gras.* (*Le*) Fondatrice de la Charité. *G. D. C.* sculps. in-8°. . . . . = 0.60

1507 *Guyon.* (*Marie*) *C. Simon* pinx. *N. Bazin* sculps. in-4°. = 0.80

1508 *Harlay, veuve de Breauté.* (*C. de*) *Grignon* fec. in-fol. = 1.30

1509 *Hayneuve.* (*J.*) jésuite. *Odieuvre* exc. in-8°. . = 0.70

1510 *Joseph de Paris. C. Mellan* sculps. in-8°. . . = 1.20

1511 *Joyeuse.* (*A. de*) capucin. *H. A.* pinx. *A. P.* sculps. in-8°. . . . . = 0.60

1512 *Languet.* (*J. J.*) Archevêque de Sens. *Bel* pinx. *N. Dupuis* sculps. in-fol. . . . . = 0.70

1513 *Lenfant.* (*J.*) *A. Pen* pinx. *B. Picart* del. et sculps. in-4°. . . . . = 0.90

1514 *Madeleine Luillier de Sainte Beuve. R. Lochon* fec. in-4°. . . . . = 0.90

1515 *Marie de l'Incarnation.* (*La bien heureuse soeur*) sans noms d'art. in-fol. . . . . = 1.40

1516 *Marie Angelique Arnauld.* (*La mère*) *Ph Champaigne* pinx. *Marie Hortemels* sculps. in-fol. . . . *f* 1.80

1517 *Marolles.* (*M. de*) *Nantueil* ad vivum faciebat in-8o. = 1.40

1518 *Marthe.* (*A. L. de Ste.*) *Marie Hortemels* sculps. in-8o. . . . . = 0.70

1519 *Menagius.*(*G.*)*R.Nantueil* ad vivum faciebat in-4o. = 1.70

1520 *Molinet.* (*Cl. du*) *Trouvain* sculps. gr. in-4o. . = 2.00

1521 *Nicole.* (*Pierre*) sans noms d'art. in-4o. Beau. . = 2.20

1522 *Noailles.* (*G. J. B. L. de*) *A. Coypel Jr.* pinx. *J. Langlois* sculps. gr. in-fol. . . . . = 4.00

1523 ——— (*L. A. Cardinal de*)*Ravenet* sculps. in-8o. = 0.80

1524 *Olivarius.* (*J. à Bosco*) *C. Mellan* del. et sculps. in-8o. . . . . = 1.20

1525 *Olivet.* (*l'Abbé d'*) *Restout* del. *Le Vasseur* sculps. in-4o. . . . . = 1.00

1526 *Petavius.* (*D.*) jésuite. *M. Lasne* fecit. in-4o. . = 1.20

1527 *Perron.*(*Cardinal du*) *A.Lommelin* sculps. in-fol. = 0.90

1528 *Polignac.* (*M. Cardinal de*) *H. Rigaud* pinx. *P. Dupin* sculps. in-8o. . . . . = 0.90

1529 ——————— *H. Rigaud* pinx. *N. P. Voyez* sculps. in-4o. . . . . = 0.60

1530 *Quien.* (*M. le*) *C. Dupuis* del. et sculps. in-8o. = 1.00

1531 *Rancé.* (*A. J. B. de*) sans noms d'art. in-4o. . = 1.60

1532 *Rouen.* (*G. Cardinal d'Amb. Archevêque de*) *J. F.* pinx. *P. J.* sculps. in-8o. . . . . = 0.70

1533 *Rue.* (*C. de la*) jésuite. *E. Desrochers* sculps. in-8o. = 0.50

1534 *Santeul.*)*J. B.*) *Edelinck* sculps. in-4o. 1r état avant le nom du peintre. . . . . = 3.40

1535 ——————— *Dumée* pinx. *D. Sornique* sculps. in-8o. . . . . = 1.20

1536 *Tillemont.* (*S. Lenain de*) *Le Fevre* pinx. *Edelinck* sculps. in-4o. . . . . = 3.00

1537 *Tour d'Auvergne.* (*E. T. de la*) *N. Mignard* pinx. *M. Natalis* sculps. in-fol. Beau. . . . . = 3.60

1538 *Valette.* (*L. F. de la*) *Bonnet* pinx. *B. Audran* sculps. in-8o. . . . . = 0.80

1539 *Varie.* (*J. B. de la*) sans noms d'art. in-4o. . = 2.40

1540 *Vincent de Paul. Trouvain* sculps. pet. in-8o. = 0.70

1541 *Xavier.* (*François*) *E. Desrochers* fecit et exc. in-8o. = 0.80

1542 *Yves.* (*Le Père*) *Cl. Mellan* del. et sculps. in-8o. = 1.30

1543 Un Évêque inconnu. *R. Nanteuil* ad vivum faciebat 1660. in-fol. . . . . = 3.00

Guerriers.

1544 *Augereau. R. Vinkeles* sculps. in-8°. . . . . *f* 0.30
1545 *Belidor. (B.) L. Vigée* pinx. *J. G. Wille* sculps. in-4°. ≠ 3.00
1546 *Beurnonville. H. Ledru* del. *R. Vinkeles* sculps. in-8°. ≠ 0.30
1547 *Biron. (C. de Gontaut Duc de) Th. de Leu* fecit. in-8°. ≠ 0.80
1548 *Bonaparte. (Napoléon) C. Josi* del. et sculps. in-8°. ≠ 0.50
1549 *Bonnet. (J. de St.) L. E.* pinx. *D. E.* sculps. in-8°. ≠ 0.60
1550 *Bourbon. (Ch. Duc de)* Connétable de France. *Th. de Leu* fecit. in-8°. . . . . ≠ 0.80
1551 *Boves. (A. de) Marquis de Linville. Spirinx* sculps. et exc. in-4°. . . . . ≠ 0.80
1552 *Brune*, dans la bataille de Castricum. *C. van Cuylenburg* del. ad viv. *C. Josi* sculps. in-fol. . . . . . ≠ 0.70
1553 *Catinat. (N. de) N.* pinx. *J. G. Wille* sculps. in-8°. - 1.80
1554 *Charette. (F. A.) P. Guérin* pinx. *Bautran* sculps. in-4°. . . . . ≠ 0.80
1555 *Colbert. (A.)* en pied. *Gérard* pinx. *Jazet* sculps. à l'aqua tinta. gr. in-fol. . . . . ≠ 8.00
1556 *Fabert. (A. de) Edelinck* sculps. gr. in-4°. . ≠ 3.00
1557 *Fayette. (De la) L. A. Claessens* sculps. in-8°. ≠ 0.30
1558 *Gassion. (J. de) Edelinck* sculps. gr. in-4°. . ≠ 3.00
1559 *Guay-Trouin. (Du) De Larmessin* sculps. in-4°. ≠ 0.50
1560 *Harcour. (Le Comte d') Mignard* pinx. *Edelinck* sculps. gr. in-4°. . . . . ≠ 3.00
1561 *Isenburg. (E. Comte d') Bossaerts* pinx. *P. de Jode* sculps. in-8°. . . . . ≠ 0.80
1562 *La Salle. (Le Général)* en pied. *Gros* pinx. *Jazet* sculps. à l'aqua tinta. gr. in-fol. . . . . ≠ 8.00
1563 *Luckner. L. A. Claessens* sculps. in-8°. . . ≠ 0.30
1564 *Magdonald.* en pied. dessiné par *U. Boze*, gravé par *F. Maradan.* gr. in-fol. . . . . ≠ 3.50
1565 *Marmont, Duc de Raguse. (A. L. F. V. de)* peint par *Murenet*, dessiné et gravé par *Forster*. in-fol. sup. épr. ≠ 6.00
1566 *Moreau. (V.)* à mi-corps. *A. Cardon* del. et sculps. in-fol. . . . . ≠ 3.00
1567 ——————— *Gérard* del. *R. Vinkeles* sculps. in-4°. ≠ 0.40
1568 *Noallens. (A. J. Duc de) P. Schenk* fec. et exc. en manière noire. gr. in-4°. . . . . ≠ 1.80
1569 *Orléans. (J. d') Comte de Dunois et de Longueville. J. Grignon* sculps. in-fol. . . . . ≠ 1.30

1570 *Oudinot Duc de Reggio.* (*N. C.*) peint par *R. le Fevre* gravé par *Forster* in-fol. sup. épr. . . . . *f* 5.00

1571 *Pascal Paoli.* *N.* del. *A. de Marcenay* sculps. eau-forte in-8o. . . . . ≠ 0.50

1572 ———— avec des vers latins et hollandais de *Burman* et *H. de Bosch.* *S. Caron* pinx. *J. Houbraken* sculps. in-4o. . . . . ≠ 0.80
avant la lettre. . . . . ≠ 1.20

1573 ———— avec quatre vers de *S. Caron.* *S. Caron* pinx. 1769. *J. Houbraken* sculps. in-fol. . . ≠ 2.60

1574 ———— *R. Vinkeles* del. et sculps. in-8o. ≠ 0.50

1575 *Pichegru.* (*le général*) *De Tott* pinx. *H. R. Cook* sculps. in-fol. . . . . ≠ 3.00

1576 ———— *A. S.* pinx. *R. Vinkeles* sculps. in-8o. . . . . ≠ 0.40

1577 *Rantzou.* (*J. Comte de*) *G. Rousselet* sculps. in-4o. ≠ 1.20

1578 *Roche Jaquelein.* (*H. de la*) *Guérin* pinx. *C. Hourdam* sculps. in-4o. . . . . ≠ 0.80

1679 *Vauban.* (*S. le Prestre de*) *H. Rigaud* pinx. *N. Dupuis* sculps. in-8o. . . . . ≠ 0.80

1580 *Vendome.* (*L. J. Duc de*) *P. Dupin* sculps. in 8o. ≠ 0.70

Savants. Littérateurs.

1581 *Anglebert.* (*J. H. d'*) *P. Mignard* pinx. *C. Vermeulen* sculps. in-4o. . . . . ≠ 1.40

1582 *Bernardo Sr. de Rezay.* (*G.*) *P. Giffart* del. et sculps. gr. in-fol. . . . . ≠ 3.00

1583 *Beaulieu.* (*J. de*) avec six vers latins de *D. Liebergen.* *Pool* pinx. *J. Gole* fec. et exc. en manière noire in-fol. Rare. . . . . ≠ 2.00

1584 ———— avec six vers hollandais de *J. Brandt.* *P. van den Berge* ad viv. del. fec. et exc. et une estampe représentant l'opération sur un malade de la pierre par le dit *Beaulieu,* gravé par le même. 2 F. in-fol. Rares. ≠ 3.20

1585 *Beuve.* (*J. de St.*) avec quatre vers. *E. Desrochers* sculps. in-8o. . . . . ≠ 0.60

1586 *Bochart.* (*S.*) avec quatre vers latins de *P. du Bosc.* sans noms d'art. in-fol. . . . . ≠ 1.00

1587 *Capelle.* (*L.*) avec quatre vers latins. sans noms d'art. in-fol. . . . . ≠ 1.30

1588 *Clerc.* (*J. le*) *B. Picart* ad vivum del. et sculps. in-8o. . . . . ≠ 0.60

1589 *Crebillon.* (*P. J. de*) *Aved* pinx. *Baléchou* sculps. gr. in-fol. . . . . ≠ 3.00

1590 *Descartes.* (*R.*) *C. van Dalen* sculps. in-fol. . *f* 2.00

1591 ———— avec quatre vers latins. *F. Hals* pinx. *J. Suijderhoef* sculps. in-fol. . . . . = 2.00

1592 ———— avec deux vers latins de *D. van Hoogstraten. P. Schenk* fec. et exc. en manière noire in-fol. . . . . = 1.50
épreuve avant la lettre et la bordure. = 2.20

1593 ———— avec des vers latins et hollandais. *G. Valk* exc. sans noms d'art. in-fol. . . . . = 1.00

1594 ———— *F. Hals* pinx. *R. Vinkeles* sculps. in-8o. . . . . = 0.40

1595 *Evremond.* (*C. de St. Denis de St.*) *N. Parmentier* pinx. *P. van Gunst* sculps. in-4o. . . . . = 0.90

1596 *Gaguin.* (*R.*) *de Larmessin* sculps. in-4o. . . = 0.40

1597 *Herbelot.* (*B. d'*) *J. Houbraken* sculps. in-fol. = 0.90

1598 *Hutten.* (*U.*) Poëta. avec deux vers latins. sans noms d'art. pet. in-4o. Rare. . . . . = 1.00

1599 *Kain.* (*Le*) *S. B Le Noir* pinx. *Aug. de St. Aubin* sculps. in-fol. sup. épreuve avant la lettre. . . . . . = 5.00

1600 *Linguet.* (*H.*) *De Lattre* sculps. in-4o. . . . . = 0.60

1601 *Longueil.* (*C. de*) *N. de Larmessin* sculps. in-4o. = 0.60

1602 *Marot.* (*Clément*) Poëta Gallicus. *B. Mei* sculps. 1576. in-4o. Très rare. . . . . = 1.40

1603 ———— *Aulbens* pinx. *D. Sornique* sculps. in-8o. . . . . = 0.80

1604 ———— *Carlone* pinx. *Duflos* sculps. in-8o. . . . . = 0.40

1605 *Mezeray.* (*F. E. de*) avec six vers. dessiné par *A. Paillet.* gravé par *B. Picart* in-8o. . . . . = 0.60

1606 *Monstrelet.* (*E. de*) *de Larmessin* sculps. in-4o. = 0.60

1607 *Mornay Sr. du Plessis.* (*Ph. de*) avec six vers hollandais de *G. Brandt.* in-4o. . . . . = 0.50

1608 *Palliot.* (*P.*) *G. Revel* pinx. *P. Drevet* sculps. in-fol. . . . . = 1.80

1609 *Pineau.* (*G. du*) *F. Ertinger* sculps. in-fol. Beau. = 1.80

1610 *Rabelais.* (*F.*) *P. Tanjé* sculps. in-4o. belle épr. = 1.20

8611 *Rivetus.* (*A.*) avec quatre vers latins. *C. van Dalen* sculps. in-fol. . . . . = 2.40

1612 *Rollin.* (   ) avec quatre vers. *C. Coijpel* pinx. *P. Tanjé* sculps. in-8o. . . . . = 0.40

1613 *Ronsard.* (*P.*) *B. Mei* sculps. in-4o. Rare. . . . = 0.90

1614 *Sage.* (*A. R. le*) *J. B. Guétard* pinx. et sculps. in-8o. . . . . = 1.00

1615 *Salmasius.* (*C.*) *de Boulonois* fec. in-4°. . . *f* 0.60
1616 ———— *J. Suijderhoef* sculps. *J. Tangena* exc. in-fol. . . . . = 1.00
1617 ———— *P. Dubordieu* pinx. *T. Matham* sculps. in-fol. . . . . = 2.20
1618 *Silva.* (*J. B.*) *H. Rigaud* pinx. *G. F. Schmidt* sculps in-fol. *Jacoby* 52. . . . . = 3.00
1619 *Thoijras.* (*P. Rapin Sr. de*) *J. Brandon* pinx. *J. Houbraken* sculps. in-4°. . . . . = 0.70
1620 *Vaillant.* (*S.*) *J. Houbraken* sculps in-fol. . . = 1.00
1621 *Voltaire.* (*de*) *J. Folkema* sculps. in-8°. . . = 0.70

Peintres. Dessinateurs. Sculpteurs. Graveurs.

1622 *Algarbe.* (*A.*) *G. Vallet* sculps. in-4°. . . . = 0.80
1623 *Beaume.* (*J.*) lithographié d'après nature par *Baugniet.* gr. in-fol. . . . . = 2.50
1624 *Brun.* (*C. le*) *N. de Largillière* pinx. *P. Dupin* sculps. in-8°. . . . . = 0.90
1625 *Calamatta.* (*L.*) lithographié par *Baugniet* d'après nature. gr. in-fol. . . . . = 2.50
1626 *Callot.* (*J.*)*M. Lasne* del. *A. Loemans* sculps. in-4°. = 0.70
1627 ———— *A. van Dijck* pinx. *L. Vorsterman* sculps. in-4°. . . . . = 1.00
1628 ———— représentation de sa tombe avec son portrait en buste. *Bosse* fecit. in-fol. Rare. . . . . = 1.50
1629 *Clerc.* (*S. le*) *E. Jeaurat* sculps. 1715. in-8°. = 0.80
1630 *Coijpel.* (*C. A.*) se ipse pinx. *N. Tardieu* sculps. in-fol. . . . . = 1.20
1631 ———(*N.*)se ipsum del. *J. Audran* sculps. in-fol. = 2.50
1632 *Dantan Jeune.* lithographié par *Baugniet* d'après nature. gr. in-fol. . . . . = 2.50
1633 *Duval-Le-Camus.* par le même. gr. in-fol. . . . = 2.50
1634 *Forest.* (*J.*) *N. de Largillière* pinx. *P. Drevet.* sculps. gr. in-fol. Très beau. . . . . = 6.00
1635 *Fosse.* (*C. de la*) *H. Rigaud* pinx. *D. Sornique* sculps. in-8°. . . . . = 1.00
1636 *Galloche.* (*L.*) *Tocqué* pinx. *J. G. Müller* sculps. in-fol. sup. épreuve avant la lettre et les noms d'art. . = 8.00
1637 *Jouvenet.* (*J.*) se ipsum pinx. *A. Trouvain* sculps. in-fol en largeur. . . . . = 3.00
1638 *Largillière.* (*N. de*) se ipsum pinx. *F. Chereau* sculps. 1715. in-fol. . . . . = 3.60

1639 *Le Poittevin*, lithographié par *Baugniet* d'après nature. gr. in-fol. . . . . *f* 2.50

1640 *Leramberg.* (*L.*) *N. S. A. Belle* pinx. *J. G. Müller* sculps. in-fol. . . . . = 2.80

1641 *Loo.* (*C. van*) *L. M. van Loo* pinx. *S. C. Miger* sculps. in-fol. . . . . = 1.80

1642 *Massé.* (*J. B.*) avec six vers de *Piron. L. Tocqué* pinx. *J. G. Wille* sculps. gr. in-fol. . . . . . . = 12.00

Une des plus belles pièces de *Wille*.

1643 *Mignard.* (*P.*) *H. Rigaud* pinx. *G. F. Schmidt* sculps. gr. in-fol. *Jacoby* 59. . . . . = 10.00

C'est le morceau de réception et le chef-d'oeuvre de Schmidt.
JOUBERT.

1644 *Parrocel.* (*J.*) *H. Rigaud* pinx. *G. F. Schmidt* sculps. in-8°. . . . . = 1.40

1645 *Picart le Romain.* (*E.*) *B. Picart* del. et sculps. in-8°. . . . . = 0.70

1646 ——————— (*B.*) *M. des Angeles* pinx. *J. van der Schleij* sculps. in-fol. . . . . = 1.50
avant la lettre mais rogné. = 1.50

1647 ——————— *J. M. Nattier* pinx. *N. Verkolje* fecit en manière noire in-fol. Belle épreuve. = 5.00

1648 *Robbe.* (*L.*) lithographié par *Baugniet* d'après nature. gr. in-fol. . . . . = 2.50

1649 *Roche.* (*Paul de la*) lithographié par le même. gr. in-fol. . . . . = 2.50

1650 *Sebron.* (*H.*) lithogr. par le même gr. in-fol. . = 2.50

1651 *Tour.* (*De la*) peint par lui-même et gravé par *G. F. Schmidt* gr. in-fol. *Jacoby* 50. . . . . . = 10.00

Chef-d'oeuvre, plein de vie, d'expression et de gaîté.
JOUBERT.

1652 *Vleughels.* (*N.*) *A. Pesne* pinx. *E. Jeaurat* sculps. in-fol. . . . . = 4.00

1653 *Watteau.* (*A.*) se ipsum pinx. *B. Lépicié* sculps. gr. in-8°. . . . . = 1.00

Femmes Célèbres.

1654 *Chéron.* (*Elisabeth Sophie*) avec quatre vers latins, se ipsum pinx. *F. Chéreau* sculps. épr. avant les noms d'art. in-4°. = 1.40

1655 *Desmares.* (*Charlotte.*) avec quatre vers. *Lépicié* sculps. in-fol. . . . . = 2.40

1656 *Duclos.* (*Madame*) avec douze vers. *N. de Largillière* pinx. *L. Desplaces* sculps. in-fol. . . . . . . = 3.00

1657 *Estrées.* (*Gabrielle d'*) maitresse de *Henri* IV. grand buste, *Porbus* pinx. *Ruotte* sculps. gr. in-fol. . . . = 3.00

1658 *Ferronière.* (*La belle*) maitresse de *François* I. grand buste, *L. da Vinci* pinx. *Le Fevre* sculps. gr. in-fol. *f* 2.00

1659 *Maintenon.* (*Madame de*) grand buste, *Mignard* pinx. *Ruotte* sculps. gr. in-fol. . . . . = 3.00

1660 ——————— *Petitot* pinx. *P. Augrand* sculps. in-fol. . . . . = 1.40

1661 *Poitiers.* (*Diane de*) maitresse de *Henri* II. grand buste dessiné par *van Geel*, gravé par *E. Sauvé* in-fol. = 3.00

1662 *Seine.* (*Catherine de*) *Aved* pinx. *Lépicié* sculps. in-fol. . . . . = 2.00

1663 *Seve.* (*Sibille de*) sans noms d'art. *B. Montcornet* exc. pet. in-4o. . . . . = 0.70

1664 *Sévigné.* (*Madame de*) grand buste, *Mignard* pinx. *Perrot* sculps. gr. in-fol. . . . . = 3.00

1665 *Vallière.* (*Madame de la*) après avoir pris le voile, grand buste. *Mignard* pinx. *Le Page* sculps. gr. in-fol. = 3.00

L'ANGLETERRE.

Rois. Princes et Princesses.

1666 *Richard* II. *Pelletier* sculps. in-8o. . . . . . = 0.70

1667 *Henri* VI. *J. Robert* del. *R. Gaillard* sculps. in-8o. = 0.70

1668 —— VII. par les mêmes. in-8o. . . . . . . = 0.70

1669 —— VIII. *Halben* pinx. *Basan* sculps. in-8o. = 0.70

1670 ———— avec quatre vers français. *A. van der Werff* pinx. *G. Valck* sculps. in-fol. sup. épr. . . . . = 1.00

1671 *Catherine d'Arragon.* avec quatre vers français. *A. van der Werff* pinx. *Vermeulen* sculps. in-fol. . , = 0.80

1672 *Catherine Howard.* par les mêmes in-fol. . . . = 0.80

1673 *Jeanne Seijmour.* par les mêmes in-fol. . . . = 0.80

1674 *Anne de Cleves.* par les mêmes in-fol. . . . = 0.80

1675 *Edouard* VI. *A. van der Werff* pinx. *P. van Gunst* sculps. in-fol. . . . . = 0.80

1676 *Elisabeth.* sans noms d'art. in-fol. . . . . . . = 0.70

1677 *Marie Stuart.* *A. van der Werff* pinx. *P. van Gunst* sculps. in-fol. . . . . = 0.80

1678 *Jacques* I. *B. Picart* sculps. dir. in-fol. . . . . = 0.80

1679 ———— *A.* pinx. *Aubert* sculps. in-8o. . . . = 0.80

1680 *Charles* I. *D. Mijtens* pinx. *W. J. Delff* sculps. gr. in-fol. . . . . *f* 3.00

1681 ——— *A. van Dijck* pinx. *A. Lommelin* sculps. in-fol. . . . . = 1.40

1682 ——— *Basan* sculps. in-8o. et la représentation de sa décapitation. 2 F. in-4o. . . . . = 1.20

1683 ——— *B. Picart* sculps. dir. in-fol. . . . = 0.70

1684 *Charles* II. à mi-corps. sans noms d'art. in-fol. = 1.50

1685 ——— sans noms d'art. in-4o. . . . . . = 0.70

1686 ——— *B. Picart* sculps. dir. in-fol. . . = 0.70

1687 ——— *P. Lelij* pinx. *Basan* sculps. in-8o. = 0.80

1688 *Jacques* II. *N. de Largillière* pinx. *Pinssio* sculps. in-4o. . . . . = 0.70

1689 ——— et sa femme *Marie Eleonore d'Este. A. van der Werff* pinx. *J. Audran* sculps. 2 F. in-fol. = 1.20

1690 *Guillaume* III et *Marie. G. Kneller* pinx. *J. Smith* fec. et exc. en manière noire. 2 F. in-fol. . . . . . = 5.00

1691 *Anne. G. Kneller* pinx. *Sornique* sculps. in-4o. = 0.80

1692 ——— *A. de Blois* sculps. in-8o. . . . . . . = 0.60

1693 *Jacques* III. *A. S. Belle* pinx. *Basan* sculps. in-4o. = 0.80

1694 *Le Prince Charles Edouard Stuart. L. Tocqué* pinx. *Basan* sculps. in-4o. . . . . = 0.80

1695 *Henri Benoist.* 2d fils de *Jacques Stuart. Wille* sculps. gr. in-4o. . . . . = 3.00

1696 *George* I. *G. Kneller* pinx. *J. Houbraken* sculps. in-fol. . . . . = 1.20

1697 ——— II. *Fountin* pinx. *Basan* sculps. in-4o. = 0.80

1698 ——— *J. Faber* ad viv. fecit en manière noire in-fol. épr. avant la lettre. . . . . = 1.50

1699 ——— *P. Tanjé* sculps. in-fol. . . . . . = 1.20

1700 *Les Princesses Amélie et Caroline. H. Hijsing* pinx. *J. Faber* fec. en manière noire 2 F. in-fol. . . . = 1.50

1701 *Le Prince Edouard. H. Moreland* pinx. *R. Houston* fecit en manière noire in-fol. . . . . = 1.50

1702 *Augustine, Princesse de Wales. J. Simon* del. et fecit. en manière noire in-fol. . . . . = 2.40

1703 *George* III et sa femme *Charlotte. Haid* fec. en manière noire 2 F. in-fol. . . . . = 3.00

1704 *La Princesse Caroline. J. R. Smith* pinx. *W. van Senus* sculps. in-fol. . . . . = 0.60

1705 *George* IV. *S. W. Reijnolds* sculps. en manière noire in-fol. . . . . = 1.50

Hommes d'État.

1706 *Argijl.* (*A. Comte d'*) *A. Haelwegh* fecit. in-fol. Rare. *f* 2.00

1707 *Clarendon.* Chancelier. *Zoust* pinx. *B. Picart* sculps. dir. in-4°. . . . . = 0.80

1708 *Cromwel.* (*Olivier*) *B. Picart* sculps. dir. in-fol. = 0.60

1709 *Davidsone.* (*W.*) *Chr. Hagens* delineavit et sculpsit in-fol. Beau et rare. . . . . = 3.00

1710 *Egmont.* (*John Sr. d'*) *H. Hijsing* pinx. *J. Faber* fecit en manière noire in-fol. . . . . = 2.00

1711 *Essex.* (*Robert d'Evreux Cte d'*) *A. van der Werff* pinx. *P. van Gunst* sculps. in-fol. . . . . = 0.90

1712 —— (*Arthur Comte d'*) *P. Lelij* pinx. *B. Picart* sculps. dir. in-4°. . . . . = 0.50

1713 *Fox.* (*C. J.*) *Reijnolds* pinx. *J. Jones* sculps. en manière noire gr. in-fol. . . . . = 2.00

1714 *Holland etc.* (*H. Riche Comte de*) *A. van Dijck* pinx. *P. Clouet* sculps. in-fol. . . . . = 1.20

1715 *Howard.* (*Thomas*) *H. Holbein* pinx. *L. Vorsterman* fecit in-fol. Beau. . . . . = 3.00

1716 ———————— *A. van Dijck* pinx. *Vorsterman* sculps. in-fol. . . . . = 1.20

1717 *Leijcestre.* (*R. Dudleij Comte de*) *A. van der Werff* pinx. *Vermeulen* sculps. in-fol. . . . . = 0.60

1718 ———————————— sans noms d'art. in-fol. . . . . = 0.80

1719 *Miles.* (*J. C.*) *D. Loggan* ad vivum sculps. in-4°. = 1.20

1720 *Montague.* (*E. lord*) *P. Lelij* pinx. *A. Blooteling* fec. et exc. in-fol. . . . . = 1.20

1721 *Onslow.* (*Arthur*) *H. Hijsing* pinx. *J. Faber* fecit. en manière noire in-fol. Beau. . . . . = 3.00

1722 *Pitt.* (*W.*) *W. Owen* pinx. *H. S. Goed* sculps. en manière noire in-fol. . . . . = 1.50

1723 *Russel.* (*W.*) *G. Kneller* pinx. *B. Picart* sculps. dir. in-4°. . . . . = 0.60

1724 *Sloane.* (*H.*) *T. Murray* pinx. *J. Faber* fecit en manière noire in-fol. Beau. . . . . = 2.00

1725 *Straffort.* (*Th. Wentwordt Comte de*) avec une estampe représent. sa décapitation, par *J. Luijken* in-4°. = 1.10

1726 *Totnes.* (*G. Comte de*) avec quatre vers latins. *Van der Voerst* fec. in-fol. . . . . = 1.40

1727 *Walsingham.* (*F.*) *A. van der Werff* pinx. *P. van Gunst* sculps. in-fol. . . . . = 0.90

Ecclésiastiques.

1728 *Ashton.* (*Th.*) *J. Gainsborough* pinx. *J. M. Ardell* fecit en manière noire in-fol. . . . . *f* 1.80

1729 *Bacon.* (*N.*) *A. van der Werff* pinx. *P. van Gunst* sculps. in-fol. . . . . = 0.80

1730 *Bucer.* *A. van der Werff* pinx. *G. Valck* sculps. in-fol. . . . . = 1.00

1731 *Burnet.* (*G.*) Evêque de Salisburij. *D. Hoadlay* pinx. *B. Picart* sculps. dir. in-4°. . . . . = 1.00

1732 ———— *J. Riley* pinx. *J. Smith* fecit en manière noire in-fol. Beau. . . . . = 2.50

1733 *Evêques.* (*Les sept*) *d'Angleterre* qui furent mis dans la tour par le Roy *Jacques* II. *A. Haelweg* sculps. in-fol. Rare. . . . . = 2.40

1734 *Fischer.* avec quatre vers français. *A. van der Werff* pinx. *G. Valck* sculps. in-fol. Beau. . . . . = 1.00

1735 *Herveij.* (*J.*) *H. Pothoven* del. *J. Houbraken* sculps. in-4°. . . . . = 0.40

1736 *Polus.* avec quatre vers français. *A. van der Werff* pinx. *P. van Gunst* sculps. in-fol. . . . . = 0.60

1737 *Sacheverell.* (*H.*) *T. Gibson* pinx. *P. Schenk* fec. et exc. en manière noire in-fol. . . . . = 1.20

1738 *Taylor.* (*J.*) *Heins* pinx. *J. Houbraken* sculps. in-fol. Beau. . . . . = 2.00

1739 *Tillotson.* (*J.*) *P. Lelij* pinx. *A. Blooteling* sculps. et exc. in-fol. . . . . = 1.40

1740 *Wolseij.* avec quatre vers français. *A. van der Werff* pinx. *P. van Gunst* sculps. in-fol. . . . . = 0.40

Guerriers.

1741 *Albemarle.* (*A. J. Sr. d'*) *G. Kneller* pinx. *J. Smith* fec. en manière noire in-fol. . . . . = 1.00

1742 *Anson.* (*G.*) *J. Wandelaar* delin ad viv. 1750. Dessin au crayon. in-4°. . . . . = 2.40

1743 ———— avec des ornemens emblématiques. *J. Wandelaar* del. *J. Houbraken* sculps. in-fol. Beau. . = 2.00

1744 *Berkeley.* (*J.*) *G. Kneller* pinx. *J. Faber* fec. en manière noire in-fol. . . . . = 1.80

1745 *Boscawen.* (*E.*) *A. Ramsay* pinx. *J. Faber* fecit en manière noire in-fol. . . . . = 1.80

1746 *Jennings.* (*J.*) *G. Kneller* pinx. *J. Faber* fecit en manière noire in-fol. . . . . = 1.80

1747 *Marlborough.* (*J. Duc de*) *G. Kneller* pinx. *G. Valck* fecit et exc. en manière noire in-fol. belle épr. . *f* 2.50

1748 *Monck.* (*G.*) *A. van der Werff* pinx. *B. Audran* sculps. in-fol. . . . . ≠ 0.60

1749 *Paul Jones.* (*John*) dessiné par *C. J. Notté* gravé par *C. Guttenberg* in-fol. Beau. . . . . ≠ 2.00

1750 *Pembroke.* (*T. Herbert Comte de*) *W. Wessing* pinx. *J. Smith* fec. en manière noire in-fol. . . . . . ≠ 2.00

1751 *Schonberg.* (*F. Duc de*) *G. Kneller* pinx. *B. Picart* sculps. dir. in-4°. . . . . ≠ 0.50

1752 *Smith.*(*T.*)*R.Wilson* pinx. *J. Faber* sculps. in-fol. ≠ 1.20

1753 *Sijdneij.* (*P.*) sans noms d'art. in-fol. . . . . ≠ 0.40

1754 *Vere.* (*F.*) sans noms d'art. in-fol. . . . . . ≠ 0.40

1755 *York.* (*F. Duc de*) *J. Bogle* pinx. *R. Vinkeles* sculps. in-8°. . . . . ≠ 0.40

1756 —— (*L. Duc de*) *Dahling* pinx. *A. Smith* sculps. in-4°. . . . . ≠ 0.70

Savants etc.

1757 *Bijron.* (*G. G. Lord*) *R. Westall* pinx. *H. Robinson* sculps. in-4°. . . . . ≠ 1.00

1759 *Hill.* (*J.*) *F. Cotes* ad. viv. del. *R. Houston* fecit en manière noire in-fol. Beau. . . . . ≠ 2.40

1760 *Howard.* (*J.*) *P. Velijn* sculps. in-4°. . . . ≠ 0.60

1761 *Leveridge.* (*R.*) *J. Saunders* sculps. in-8°. . ≠ 0.40

1762 *Milton.* (*J.*) *J. E. Haid* fec. en manière noire in-4°. ≠ 1.00

1763 *Moore.* (*T.*) *F. Sicurec* pinx. *G. Adcock* sculps. in-4°. . . . . ≠ 1.00

1764 *Newton.* (*J.*) *J. M. Ardell* pinx. et fec. en manière noire in-fol. . . . . ≠ 1.40

1765 *Pope.* (*A.*) *G. Kneller* pinx. *J. Smith* fec. et exc. en manière noire in-4°. . . . . ≠ 1.80

1766 *Richards.* (*W.*) *G. Kneller* pinx. *J. Smith* fec. et exc. en manière noire in-4°. . . . . ≠ 0.80

1767 *Scott.* (*Walter*) *J. Graham* pinx. *J. Thomson* sculps. in-4°. . . . . ≠ 1.00

1769 *Steele.* (*R.*) *G. Kneller* pinx. *J. Houbraken* sculps. in-fol. . . . . ≠ 1.60

1770 *Woodward.* (*H.*) *J. Reijnolds* pinx. *J. Watson* sculps. en manière noire in-fol. . . . . ≠ 1.00

Peintres. Sculpteurs.

1771 *Gibbons.* (*G.*) *G. Kneller* pinx. *J. Smith* fec. et exc. en manière noire. in-fol. . . . . *f* 0.80

1772 *Jones.* (*J.*) *A. van Dijck* pinx. *J. Spilsburij* fec. en manière noire. in-fol. . . . . ƨ 1.00

1773 *Pine.* (*D.*) *Hogarth* pinx. *J. M. Ardell* fec. en manière noire. in-fol. . . . . ƨ 1.80

1774 *Reijnolds.* (*J.*) se ipsum pinx. *Ridleij* sculps. in-8°. ƨ 0.50

Femmes célèbres.

1775 *Chambers.* (*Mrs.*) *J. Reijnolds* pinx. *C. Corbutt* fec. en manière noire. in-fol. . . . . ƨ 1.20

1776 *Erskine.* (*Lady*) *A. Ramsay* pinx. *J. Johnson* fec. en manière noire. in-fol. . . . . ƨ 1.40

1777 *Gray.* (*Jeanne*) *A. van der Werff* pinx. *Basan* sculps. et la representation de sa décapitation. 2 F. in-4°. ƨ 1.20

1778 *Gwijnne.* (*Eléonore*) *S. Couper* pinx. *G. Valck* sculps. et exc. in-4°. . . . . ƨ 0.60

1779 *Percye.* (*Lucie*) *A. van Dijck* pinx. *P. de Balliu* sculps. in-fol. . . . . ƨ 0.80

1780 *Salisburij.* (*La Comtesse de*) *G. Kneller* pinx. *J. Smith* fec. et exc. en manière noire. in-fol. . . . . . ƨ 1.50

1781 *Stuart, Comtesse de Portland.* (*Marie*) *A. van Dijck* pinx. *W. Hollar* fec. in-fol. . . . . ƨ 0.80

1782 *Villiers, Duchesse de Lenox.* (*Elisabeth*) par les mêmes. in-fol. . . . . ƨ 0.60

1783 *Wake.* (*Anne*) *A. van Dijck* pinx. *P. Clouet* sculps. in-fol. . . . . ƨ 0.80

L'ALLEMAGNE.

Empereurs.

1784 *Les Empereurs d'Allemagne de la maison de Habsbourg,* d'après les dessins de *P. Soutman* gravés par *Suijderhoef* et *van Sompel,* suite numerotée avec titre gravé, et le portrait de *Léopold* I. par *J. Brouwer* d'après *W. Vaillant.* 15 F. in-fol. . . . . ƨ 8.00

1785 *Charles* V. *Lommelin* sculps. in-fol. . . . . . *f* 0.70
1786 *Rudolphe* II. *H. Wierix* sculps. in-12°. Rare. . = 0.90
1787 ———— sans noms d'art. in-fol. . . . . . = 0.60
1788 ———— *G. Sadeler* sculps. in-fol. . . . . = 1.50
1789 *Ferdinand* II. sans noms d'art. in-fol. . . . . = 0.70
1790 ———— *J. Callot* sculps. in-4°. . . . . . = 0.70
1791 *Leopold* I. sans noms d'art. in-fol. . . . . . . = 1.20
1792 ———— *P. van Gunst* del. et sculps. gr. in-fol. = 3.00
1793 *Sigismund. G. Sadeler* sculps. in-fol. . . . . = 1.20
1794 *Ferdinand* III et sa femme. *A. van Dijck* pinx. *C. Galle Jr.* sculps. 2 F. in-fol. . . . . = 2.00
1795 *Ferdinand* IV. *P. Lisebetius* sculps. *Abraham Teniers* exc. in-4°. . . . . = 0.80
1796 *Charles* VII. *Vivien* pinx. *Petit* sculps. in-8°. = 0.50
1797 ———— *P. Tanjé* sculps. in-fol. . . . . = 0.90
1798 *Marie Thérèse. J. B. Vanini* pinx. *Robbert Smitscher* sculps. en manière noire. in-fol. . . . . . . = 1.50
1799 ———— *J. Schell* del. *P. Tanjé* sculps. in-fol. . . . . = 1.00
1800 *François* I. *M. de Maytens* pinx. *P. Tanjé* sculps. in-fol. . . . . = 1.00
1801 ———— *H. Pinhas* sculps. in-4°. belle épreuve sur papier de chine. . . . . = 1.20
1802 *Joseph* II. *Jacob Adam* fecit. in-8°. . . . . . = 0.60
1803 *François* II. *J. J. Haid* fec. en manière noire in-4°. = 0.40

Rois. Princes et Princesses.

1804 *Albert, Electeur de Mayence.* avec une inscription latine. *Albert Durer* fec. *Bartsch* 103. . . . . . . = 3.00
1805 *Anton Gunther Comte d'Oldenbourg. A. van Hulle* pinx. *C. Waumans* sculps. in-fol. . . . . = 0.80
1806 *Auguste, Duc de Brunswick Lunebourg.* par les mêmes. in-fol. . . . . = 1.00
1807 *Charles* V, *Duc de Lorraine. A. Blooteling* fecit. et exc. en manière noire in-fol. . . . . = 1.60
1808 *Charles Gustaphe Comte Palatin. Melchior Küsell* sculps. in-4°. . . . . = 0.80
1809 *Frédéric Guillaume, Marquis de Brandenbourg*, avec inscription hollandaise, sans noms d'art. in-fol. Rare. = 1.30
1810 ———————————— *v. d. Plasse* pinx. *P. van Gunst* sculps. in-fol. . . = 0.70

1811 *Fréderic Guillaume* I, *Roi de Prusse.* sans noms d'art. (*B. Picart?*) in-fol. Beau. . . . . *f* 3.00

1812 *Fréderic* II. *A. Graff* pinx. *J. F. Bause* sculps. in-fol. . . . . = 2.40

1813 ——— *J. C. Frisch* pinx. *D. Berger* sculps. in-8°. . . . . = 0.50

1814 ——— peint par le même. *R. Vinkeles* sculps. in-8°. . . . . = 0.40

1815 ——— *J. J. Haid* fec. en manière noire in-4°. = 0.50

1816 *Fréderic Guillaume* III. *A. Dumont* del. *Bourgeois de la Richardière* sculps. in-fol. . . . . = 2.50

1817 ——— *A. Pesne* pinx. *J. Houbraken* sculps. in-fol. . . . . = 1.80

1818 *Ferdinand, Prince de Brunswick. F. Deschamps* del. *Beauvarlet* sculps. in-4°. . . . . = 0.70

1819 ——— à mi-corps. belle épr. avant la lettre et les noms d'art. in-4°. . . . . = 1.20

1820 *George Fréderic, Marquis de Bade.* avec six vers latins. *L. K.* (*Kilian*) exc. in-4°. . . . . = 1.40

1821 *Guillaume* VI, *Prince de Hesse. A. van Hulle* pinx. *T. Matham* sculps. in-fol. . . . . = 0.90

1822 *Henriette de Lorraine, Princesse de Phalsbourg. A. van Dijck* pinx. *C. Galle Jr.* sculps. in-fol. . . . = 1.00

1823 *Jean George, Duc de Saxe. A. van Hulle* pinx. *C. Waumans* sculps. in-fol. . . . . = 1.40

1824 *Marie Anne, Archiduchesse d'Autriche. J. Houbraken* sculps. in-fol. . . . . = 0.90

1825 *Marie Christine, Archiduchesse d'Autriche. J. Houbraken* sculps. in-fol. . . . . = 0.90

1826 *Marie Elisabeth Josephe Archiduchesse d'Autriche. J. Houbraken* sculps. in-fol. . . . . = 0.90

1827 *Robbert, Comte Palatin. A. van Dijck* pinx. *H. Snijers* sculps. in-fol. . . . . = 1.00

1828 *Wolfgang Guillaume, Comte Palatin* et sa femme. *T. Matham* sculps. 2 F. gr. in-fol. . . . . = 3.40

Nobles. Hommes d'État.

1829 *Les Hommes d'État Allemands,* qui ont assisté au congrès de Munster, gravés par *Pontius, Galle* et d'autres d'après les tableaux de *A. van Hulle.* 32 F. in-fol. en belles épreuves. . . . . = 9.00

1830 *Bansa.* (*J. M.*), *F. Lippoldt* pinx. *P. A. Kilian* del. et sculps. in-fol. . . . . = 1.40

1831 *Bielfeld.* (*le Baron de*) *T. F. Stein* pinx. *J. Houbraken* sculps. in-4o. . . . . *f* 0.60

1832 *Caesarino.* (*G.*) *P. van Gunst* sculps. in-fol. ≠ 1.20

1833 *Camentia.* (*J. G. de*) *L. Kilian* ad vivum del. et sculps. 1637. in-4o. . . . . ≠ 1.40

1834 *Cocceji.* (*S. Baron de*) *A. Pesne* pinx. *G. F. Schmidt* sculps. in-fol. . . . . ≠ 2.40

1835 *Cronefelt.* (*J. C. de*) *S. Ruijs* pinx. *A. Blooteling* sculps. et exc. en manière noire. in-fol. Très-beau. . . ≠ 5.00

1835 *Erlenbach.* (*H. W. T. von*) *J. Glöckler* pinx. *J. Sandrart* sculps. in-4o. . . . . ≠ 1.10

1837 *Fuchs.* (*P. de*) *Ramondon* pinx. *J. G. Wolfgang* sculps. in-fol. . . . . ≠ 0.90

1838 *Glafeij.* (*C. G.*) avec six vers allemands. *P. Salice* pinx. *J. Houbraken* sculps. in-fol. . . . . ≠ 2.00

1889 *Görne.* (*T. de*) Fait par *G. F. Schmidt* graveur du Roy à Berlin. gr. in-fol. *Jacoby* 70. . . . . . . ≠ 3.40

1840 *Guericke.* (*O. de*) sans noms d'art. (*C. Galle* sculps.) in-fol. . . . . ≠ 0.80

1841 *Haslang.* (*G. C. Baron de*) *J. Suijderhoef* sculps. in-4o. . . . . ≠ 1.80

1842 *Heinitz.* (*F. A. Baron de*) *J. E. Haid* fec. en manière noire. in-4o. . . . . ≠ 0.80

1843 *Herzberg.* (*E. F. de*) par le même in-4o. . . ≠ 0.80

1844 *Kalt de Kaltenberg.* (*C.*) *L. Kilian* ad viv. del. et sculps. in-4o. . . . . ≠ 1.40

1845 *Liechtenstein.* (*A. F. Prince de*) avec quatre vers hollandais de *L. Smids. P. Schenk* ad viv. del. et sculps. en manière noire. in-4o. . . . . ≠ 1.20

1846 *Lunker.* (*N. C. Sr. de*) *P. Schenk* fec. et exc. en manière noire in-4o. . . . . ≠ 0.70

1847 *Muschinger.* (*V.*) *G. Sadeler* ad viv. del. et sculps. in-4o. . . . . ≠ 1.10

1848 *Otto.* (*J. A.*) *P. Schenk* fec. ad vivum en manière noire in-4o. . . . . ≠ 0.80

1849 *Reijger.* (*A. de*) *G. Sadeler* fec. 1604. in-4o. ≠ 0.80

1850 *Stein.* (*Freiherr vom*) gemalt und geschabt von *P. J. Lützenkirchen.* (en manière noire) in-fol. Beau. ≠ 3.00

1851 *Stelzer.* (*G. P.*) *J. A. Brendel* pinx. *J. B. Probst* sculps. in-fol. . . . . ≠ 1.20

Guerriers.

1852 *Blucher.* (*G. L. von*) *Dahling* pinx. *A. Smith* sculps. gr. in-4o. . . . . *f* 0.90

1853 *Charles, Prince de Hesse, Hirsfeld etc. J. Gole* fecit Ao. 1696 en manière noire gr. in-fol. . . . . = 3.00

1854 ——————————— avec six vers hollandais. *P. Schenk* fec. et exc. en manière noire in-fol. = 1.80

1855 *Charles Louis, Comte Palatin. Mierevelt* pinx. *W. J. Delff* sculps. gr. in-fol. . . . . = 3.00

1856 *Christian, Duc de Brunswick Lunebourg. Mierevelt* pinx. *W. J. Delff* sculps. gr. in-fol. . . . . . = 3.00

1857 *Daun.* (*Leopold Comte de*) *J. M. Bernigeroth* sculps. et exc. gr. in-fol. . . . . = 3.00

1858 *Ferdinand, Duc de Brunswick Lunebourg. J. Houbraken* sculps. gr. in-fol. . . . . = 1.50

1859 ——————————————— *Balzer* del. *R. Vinkeles* sculps. in-8o. . . . . = 0.50

1860 *George, Prince de Hesse, Hirsfeld etc. P. Schenck* fec. en manière noire in-4o. . . . . = 1.20

1863 ——————————————— *T. Murrey* pinx. *J. Smith* fec. et exc. en manière noire in-fol. = 2.00

1864 *Guillaume* VIII, *Prince de Hesse, Hirsfeld etc. J. Houbraken* sculps. in-fol. . . . . = 0.70

1865 *Henri Matthieu, Comte de Tursi etc. Mierevelt* pinx. *W. J. Delff* sculps. gr. in-fol. . . . . = 3.00

1866 *Humbert.* (*A. de*) *R. Matthieu* pinx. *J. J. Haid* sculps. en manière noire in-fol. . . . . = 0.80

1867 *Jean George* III, *Duc de Saxe*, avec des vers latins et hollandais de *Dorper* et *Norel. P. Schenk* fec. et exc. en manière noire in-4o. . . . . = 1.20

1868 ——————————— *J. Gole* sculps. in-fol. . . . . = 1.40

1869 *Kevenhuller.* (*Le Comte de*) *J. Meitens* pinx. *G. Bickham* sculps. in-fol. . . . . = 1.20

1870 *Pappenheim.* (*G. H. Comte de*) *A. van Dijck* pinx. *C. Galle* sculps. gr. in-4o. . . . . = 1.00

1871 *Seckendorf.* (*F. H. Comte de*) *J. J. Haid* pinx. et fecit en manière noire in-fol. Beau. . . . . = 3.00

1872 *Spata.* (*G. de*) *G. Sadeler* fecit in-4o. . . . . = 1.00

1873 *Tilli.* (*J. de Tserclaes de*) *A. van Dijck* pinx. *P. de Jode* sculps. gr. in-4o. . . . . = 1.40

Théologiens.

1874 *Battenfeldt.* (*J.*) avec quatre vers de *J. Christenius. W. Delff* sculps. in-4°. . . . . *f* 1.40

1875 *Ferdinand, Evêque de Paderborn. Michelin* pinx. *G. Edelinck* sculps. gr. in-4°. Beau. . . . . = 3.00

1876 *François, Evêque d'Olmütz. G. Sadeler* fecit 1604 in-4°. . . . . = 0.80

1877 *Klesel.* (*M.*) *Evêque de Vienne. G. Sadeler* fecit 1615 Très-beau. . . . . = 3.00

1878 *Lavater.* (*J. C.*) *Schmoll* del. *J. E. Haid* sculps. en manière noire in-4°. . . . . = 0.80

1879 *Luther.* (*M.*) *H. Aldegrever* sculps. *Bartsch* 184. belle anc. épreuve. . . . . = 6.00

1880 ——————— *L. Cranach* pinx. *F. C. Bierweiler* fec. en manière noire gr. in-fol. Beau. . . . . = 4.00

1881 ——————— et *P. Melanchton. L. Cranach* et *H. Holbein* pinx. *E. Cauer* del. 2 F. gr. in-4°. . . . = 1.40

1882 *Martinus.* (*E.*) *Ph. Endlich* del. et sculps. in-4°. = 0.90

1883 *Mosheim* (*J. L.*) *M. W. Fröling* pinx. *J. J. Haid* sculps. et exc. en manière noire in-fol. . . . . . = 1.20

1884 ——————— *J. Houbraken* sculps. in-4°. . = 0.40
avant la lettre. . . . . . = 0.60

1885 *Pauli.* (*H. R.*) *P. Schenk* fec. en manière noire in-fol. Beau. . . . . = 1.50

1886 *Pictet.* (*B.*) *Huaut* pinx. *J. Houbraken* sculps. in-4°. = 0.60

1887 *Schmid.* (*J. C.*) *G. Luschewsky* pinx. *G. P. Busch* sculps. in-fol. . . . . = 1.00

1888 *Ursinus.* (*B.*) *P. Schenk* fec. en maniere noire in-4°. = 0.90

1889 *Weickmann.* avec six vers latins. *D. Klein* pinx. *J. Houbraken* sculps. in-fol. Beau. . . . . = 3.00

1890 *Wolfgang, Evêque de Ratisbonne. J. Heintz* del. *L. Kilian* sculps. in-4°. . . . . = 2.00

1891 *Zollikofer.* (*G. J.*) *J. E. Haid* sculps. en manière noire in-4°. . . . . = 1.00

1892 Portraits d'Anabaptistes et autres sectaires, avec des inscriptions latines. *C. van Sichem* del. sculps. et exc. 15 F. in-4°. . . . . = 10.00

Cette suite qui est ici complète se trouve rarement.

Savants etc.

1893 *Biermann.* (*E.*) *Urlaub* pinx. *J. E. Haid* fec. en manière noire in-4°. . . . . = 0.50

1894 *Blumebach.* (*J. F.*) *J. E. Haid* sculps. et exc. en manière noire in-4o. . . . . *f* 0.50

1895 *Engel.* (*J. J.*) *D. Chodowiecki* del. *J. E. Haid* sculps. en manière noire in-4o. . . . . „ 0.60

1896 *Ernesti.* (*J. A.*) *A. Graff* pinx. *J. E. Haid* sculps. en manière noire in-4o. . . . . „ 0.80

1897 *Erpel.* (*J. H.*) *Bernigeroth* fecit in-fol. . . . „ 1.20

1898 *Feijerabendius.* (*S.*) Bibliopola Francofurti ad Moenum. avec six vers latins de *F. Modius. G. Sadeler* sculps. in-4o. Rare. . . . . „ 1.40

1899 *Gall.* (*F. J.*) *L. Portman* sculps. in-4o. . . . „ 0.80

1900 *Gellert.* (*C. F*) *A. F. Oeser* pinx. *J. F. Bause* sculps. in-4o. . . . . „ 1.80

1901 —————— *A. Graff* pinx. *J. E. Haid* sculps. en manière noire in-4o. . . . . „ 0.90

1902 *Herpfer.* (*J. D.*) *Schenck* fec. et exc. en manière noire in-4o. . . . . „ 0.90

1903 *Hirzel.* (*J. C.*) *J. E. Haid* sculps. en manière noire in-4o. . . . . „ 0.70

1904 *Klopstock.* (*F. T.*) par le même in-4o. . . . . „ 0.80

1905 *Koch.* (*C. H.*) célèbre actrice. *A. Graff* pinx. *J. F. Bause* sculps. in-fol. . . . . „ 1.80

1906 *Kotzebue.* (*A. von*) *F. Tischbein* pinx. *J. P. Bittheuser* sculps. in-fol. Beau. . . . . „ 3.00

1907 *Lessing.* (*G. E.*) *A. Graff* pinx. *J F. Bause* sculps. in-fol. . . . . „ 2.00

1908 *Lippert.* (*J. C.*) *G. de Marrée* pinx. *J. E. Haid* sculps. en manière noire in-4o. . . . . „ 0.90

1909 *Meusel.* (*J. G.*) *J. L. Moeglich* del. *J. E. Haid* sculps. en manière noire in-4o. . . . . „ 0.80

1910 *Munster.* (*S.*) *B. Mei* sculps. pet. in-4o. Rare. „ 0.90

1911 ———— ——— *J. J. Haid* sculps. en manière noire. in-4o. . . . . „ 0.60

1912 *Nijscheler.* (*F.*) *J. E. Haid* sculps. en manière noire. in-4o. . . . . „ 0.70

1913 *Nicolai.* (*F.*) *D. Chodowickie* del. *J. E. Haid* sculps. en manière noire. in-4o. . . . . „ 0.50

1914 *Oken.* gravure en acier, *Creuzbauer* exc. in-4o. „ 0.90
avant la lettre, sur papier de Chine. „ 1.20

1915 *Olearius.* (*J. C.*) *P. Schenck* fec. et exc. en manière noire in-4o. . . . . „ 0.90

1916 *Rabener.* (*G. W.*) *A. Graff* pinx. *J. E. Haid* sculps. en manière noire in-4o. . . . . „ 0.70

1917 *Rabener.* (*G. W.*) *J. F. Bause* sculps. in-fol. *f* 1.60
1918 *Ramler.* (*K. W.*) *A. Graff* pinx. *J. F. Bause* sculps. in-fol. . . . . ≠ 1.80
1919 *Reinhard.* (*J. P*) *Reuss* pinx. *J. E. Haid* sculps. en manière noire in-4°. . . . . ≠ 0.50
1920 *Sailer.* (*J. M.*) *T. Wocher* pinx. *J. E. Haid* sculps. en manière noire in-4°. . . . . ≠ 0.50
1921 *Seiler.* (*G. F.*) *Bach* pinx. *J. E. Haid* sculps. en manière noire in-4°. . . . . ≠ 0.60
1922 *Schubart.* (*C. F. D.*) *von Goez* del. *J. E. Haid* sculps. en manière noire in-4°. . . . . ≠ 0.60
1923 *Siebold.* (*C. C.*) *J. E. Haid* sculps. et exc. en manière noire in-4°. . . . . ≠ 0.60
1924 *Spies.* (*P. E.*) par le même in-4°. . . . . . ≠ 0.50
1925 *Uhland.* (*L.*) *H. Meijer* sculps. in-4°. . . . ≠ 0.50
1926 *Uz.* (*J. P.*) *J. F. Bause* sculps. gr. in-4°. . ≠ 1.80
1927 *Walch.* (*J. E. J.*) *J. E. Haid* sculps. en manière noire in-4°. . . . . ≠ 0.80
1928 *Weisse.* (*C. F.*) *A. Graff* pinx. *J. F. Bause* sculps. gr. in-4°. . . . . ≠ 1.80
1929 *Winkelmann.* (*J.*) *A. Maron* pinx. *J. F. Bause* sculps. gr. in-4°. . . . . ≠ 1.80
1930 Portraits de divers savants, gravés en manière noire par *J. J. Haid* in-4°. séparément à . . . . ≠ 0.50

Peintres. Dessinateurs. Sculpteurs. Graveurs.

1931 *Albert Durer. A. Stock* sculps. *F. de Wit* exc. in-4°. ≠ 1.20
1932 ———— *J. J. Haid* sculps. en manière noire in-4°. . . . . ≠ 0.80
1933 *Aldegrever.* (*H.*) se ipsum sculpsit 1530. *Bartsch* 188. épr. doublée. . . . . ≠ 1.40
1934 *Aquanus.* (*J.*) avec quatre vers latins. *H. Hondius* exc. in-4°. . . . . ≠ 0.80
1935 *Baur.* (*J. G.*) se ipsum pinx. *J. Meijssens* fecit et exc. in-4°. . . . . ≠ 0.40
1936 *Borcht.* (*H. van der*) *J. Meijssens* pinx. *W. Hollar* fecit in-4°. . . . . ≠ 0.40
1937 *Brechtel.* (*J.*) sans noms d'art. en manière noire in-12°. Rare. . . . . ≠ 0.90
1938 *Breuck.* (*J. de*) *A. van Dijck* pinx. *P. Pontius* sculps. gr. in-4°. 1.60
1939 *Cornelius.* (*P. von*) *Schlothauer* del. *Barth* sculps. in-4°. . . . . ≠ 0.70

1940 *Dietrich.* (*C. W. E.*) *A. Graff* pinx. *A. H. Riedel* fec. in-4°. . . . . *f* 1.20

1941 *Ehret.* (*G. D.*) *A. Heckell* del. *J. J. Haid* exc. en manière noire in-fol. . . . . ≈ 1.40

1942 *Elsheijmer.* (*A.*) avec quatre vers latins. sans noms d'art. in-4°. . . . . ≈ 0.80

1943 ———————— *J. Meijssens* pinx. *W. Hollar* fecit in-4°. . . . . ≈ 0.40

1944 *Fiedler.* (*J. C.*) avec huit vers latins. se ipse pinx. *J. J. Haid* sculps. et exc. en manière noire in-fol. . ≈ 1.80

1945 *Haid.* (*J. J.*) *A. Graff* pinx. *J. E. Haid* sculps. en manière noire in-fol. . . . . ≈ 2.40

1946 *Haldenwang.*(*Ch.*) *C. Schuler* del. et sculps. in-4°. ≈ 1.00

1947 *Holbein.* (*J.*) se ipsum pinx. *A. Stock* sculps. in-4°. ≈ 1.40

1948 *Hollar.* (*W.*) *J. Meijssens* pinx. et exc. in-4°. ≈ 0.40

1949 ———————— *Barlow* fecit aqua forti in-4°. . ≈ 1.20

1950 *Gassel.* (*L.*) *J. C. Binck* sculps. 1529. Rare. . ≈ 1.80

1951 *Klöcker.* (*D.*) *Fred. Akrel* sculps. in-4°. . . . ≈ 0.90

1952 *Knupfer.* (*N.*) se ipsum pinx. *P. de Jode* sculps. in-4°. . . . . ≈ 0.40

1953 *Kupezky.* (*J.*) *Balzer* sculps. in-8°. . . . . . ≈ 0.60

1954 *Loewenstern.* (*C. L. Baron de*) *J. C. Fiedler* pinx. *J. J. Haid* sculps. et exc. en manière noire in-fol. ≈ 1.60

1955 *Marées.* (*G. de*) *J. J. Haid* sculps. et exc. en manière noire in-fol. . . . . ≈ 1.80

1956 *Mengs.* (*R.*) se ipsum pinx. *H. Sintzenich* sculps. in-4°. belle épreuve. . . . . ≈ 1.20

épr. en couleurs. . . . . ≈ 0.70

1957 ———————— se ipsum pinx. *Jacob Adam* sculps. in-8°. . . . . ≈ 0.90

1958 *Merian.* (*M. S.*) *J. Houbraken* sculps. in-4°. . ≈ 0.60

1959 *Pesne.* (*A.*) peint par lui-même gravé par son ami Schmidt. *Jacoby* 69. . . . . ≈ 10.00

C'est un des plus beaux morceaux du maître.

JOUBERT.

1960 *Reiner.* (*W.*) se ipsum pinx. *J. Balzer* sculps. in-8°. ≈ 0.60

1961 *Rentz.* (*M. H.*) *J. Balzer* sculps. in-8°. . . . ≈ 0.60

1962 *Roos.* (*J. H.*) avec quatre vers latins. *P. Kilian* sculps. in-fol. Beau. . . . . ≈ 4.00

1963 *Schwab.* (*G.*) *Ch. Schuler* sculps. in-4°. . . . ≈ 1.40

1964 *Screta.* (*C.*) *J. Kleinhard* del. *J. Balzer* sculps. in-8°. . . . . ≈ 0.70

L'ESPAGNE.

Rois.

1965 *Jeanne*, femme de *Philippe* I. *P. van Sompel* effig. *J. Suijderhoef* sculps. in-fol. . . . . *f* 1.50
1966 *Philippe* III. sans noms d'art. in-fol. . . . . . = 0.50
1967 ——— IV. *P. Huijbrechts* fecit in-4°. . . . . = 0.80
1968 ————— *B. Picart* sculps. dir. in-fol. . . . = 0.50
1969 ————— *J. Houbraken* sculps. in-8°. . . . = 0.40

Hommes d'État.

1970 *Andrada Leitao.* (*F. de*) sans noms d'art. in-fol. = 1.00
1971 *Fuentes.* (*P. H. Comte de*) sans noms d'art. in-fol. = 0.50
1972 ——————————*R. Vinkeles* sculps. in-8°. = 0.30
1973 *Requesens.* (*L. de*) sans noms d'art. in-fol. . = 0.50

Guerriers.

Dans la guerre contre les Provinces Unies.

1974 *Albe.* (*F. A. de Toledo Duc d'*) sans noms d'art. in-fol. . . . . = 0.80
1975 *Farnèse Duc de Parme.* (*A.*) *J. Buijs* del. *R. Vinkeles* sculps. in-8°. . . . . = 0.30
1976 *Mendosa.* (*F. de*) sans noms d'art. in-fol. . . . = 0.80
1977 *Montaste.* (*S. Marquis de*) *P. de Jode* sculps. in-4°. = 0.50
1978 *Spinola.* (*A.*) *J. Houbraken* sculps. in-8°. . . . = 0.30
1979 *Toledo.* (*Fréderic Alvarez de*) sans noms d'art. in-fol. = 0.80
1980 ——————————*R. Vinkeles* sculps. in-8°. = 0.30
1981 *Valdez.* (*F. de*) sans noms d'art. in-fol. . . . . = 0.80
1982 ————— *C. de Visscher* sculps. gr. in-fol. *Basan* 47. . . . . = 3.00
1983 ————— *J. Houbraken* sculps. d'après le précédent in-4°. . . . . = 0.50
1984 *Velasco.* (*F. de*) *C. Woutier* pinx. *C. Meijssens* sculps. in-4°. . . . . = 0.40
1985 *Verdugo.* (*F.*) sans noms d'art. in-fol. . . . . = 0.50

Dans la guerre contre Napoléon.

Ces portraits par des artistes espagnols et très bien exécutés se trouvent difficilement.

1986 *Ballesteros.* (*F.*) à cheval. *A. Guerrero* pinx. *F. Suria* sculps. in-4°. . . . . *f* 1.20

1987 *Carrera.* (*M. de la*) à mi-corps. *J. Rodriguez.* pinx. *T. Enguidanos* sculps. in-fol. . . . . *=* 3.00

1988 *Longa.* (*F. T. de*) à cheval. *A. Guerrero* pinx. *L. Noseret* sculps. in-4°. . . . . *=* 1.20

1989 *Manso.* (*J.*) à cheval. *A. Guerrero* pinx. *A. Vasquez* sculps. in-4°. . . . . *=* 1.20

1990 *Martin.* (*J.*) à mi-corps. *J. Garcia* pinx. *T. L. Enguidanos* sculps. in-fol. . . . . *=* 3.00

1991 *Mina.* (*F. X.*) à cheval. *A. Guerrero* pinx. *M. Albuerne* sculps. in-4°. . . . . *=* 1.20

1992 *Moreno.* (*F. A. ij.*) à cheval. *Z. Velasquez* pinx. *M. Brandi* sculps. in-4°. . . . . *=* 1.20

1993 *Morillo.* (*P.*) à cheval. *A. Guerrero* pinx. *M. Albuerne* sculps. in-4°. . . . . *=* 1.20

1994 *Palafox ij Melci.* (*J.*) à mi-corps. *J. Galvez* pinx. *R. Estebe* sculps. in-fol. . . . . *=* 3.00

1995 *Palaréa.* (*J.*) à mi-corps. *J. Rodriguez* pinx. *B. Ametller* sculps. in-fol. . . . . *=* 3.00

1996 *Robira.* (*F.*) à cheval. *A. Guerrero* pinx. *F. Suria* sculps. in-4°. . . . . *=* 1.20

1997 *Sureda* (*P. C. ij.*) à mi-corps. *J. Rodriguez* pinx. *Rafael Esteve* sculps. in-fol. . . . . *=* 3.00

1998 *Tapia.* (*J.*) à mi-corps. *Rodriguez* pinx. *Estebe* sculps. in-fol. . . . . *=* 3.00

1999 *Villacampa Maza de Lizana.* (*P.*) à cheval. *Z. Velasquez* pinx. *L. Noseret* sculps. in-4°. . . . . . . *=* 1.20

2000 *Ybanez.* (*J.*) à cheval *Z. Velasquez* pinx. *J. Carrafa* sculps. in-4°. . . . . *=* 1.20

L'ITALIE.

Papes.

2001 *Adrien* VI. avec huit vers hollandais de *G. Brandt.* sans noms d'art. in-4°. . . . . *=* 0.60

2002 *Urbain* VIII. *Cl. Mellan* sculps. in-4°. . . . *f* 0.80

2003 ——— ——— *M. Lasne* fecit in-4°. . . . . . ″ 0.90

2004 *Innocent.* X. *Cl. Mellan* sculps. in-4°. . . . . ″ 1.40

2005 ——————— avec des vers grecs et latins, sans noms d'art. in-4°. Beau et rare. . . . . ″ 2.40

2006 *Alexandre* VII. *Corn. Visscher* delin, sculps. *Cl. de Jonghe* exc. *Basan* 18. . . . . ″ 2.40

2007 *Clément* IX. *J. Ferd. Voet* pinx. *T. J.* sculps. in-fol. Beau. . . . . ″ 2.00

T. J. Ces lettres appartiennent à un habile graveur qui paraît être d'origine française.

Brulliot. vol. II. No. 2584 où ce portrait est décrit.

2008 *Innocent* XI. *P. Bouttats* sculps. in-fol. . . . ″ 1.20

2009 ———— XIII. *A. Mastuccius* pinx. *J. Freij* sculps. in-fol . . . . ″ 2.40

2010 *Bénoit* XIV. avec six vers hollandais de *J. Delsing. P. Subleijras* pinx. *C. F. Fritzsch* sculps. in-4°. ″ 1.00

2011 *Pie* VI. *Ingouf* l'ainé sculps. gr. in-4°. . . . . ″ 1.20

2012 —— VII. *Lapie* sculps. *Rafaël Morghen* perfecit in-fol. superbe épreuve avant la lettre et les noms d'art. ″ 7.00

Cardinaux et autres Ecclésiastiques.

2013 Suite de 50 portraits de *Cardinaux* par divers artistes, publiée par *J. J. de Rubeis.* in-4°. . . . . . . ″ 6.00

2014 *Aldobrandin.* (*P.*) *B. Montcornet* exc. in-4°. . ″ 0.40

2015 *Bentivoglio.* (*G.*) *Cl. Mellan* del. et sculps. in-4°. ″ 0.50

2016 ————————— *A. van Dijck* pinx. *J. Morin* sculps. gr. in-4°. . . . . ″ 1.40

2017 *Bevilaqua.* (*A.*) *B. Vaillant* pinx. *A. Vaillant* fecit in-fol. . . . . ″ 1.20

2018 *Chisius.* (*F.*) *A. van Hulle* pinx. *P. Pontius* sculps. in-fol. . . . . ″ 1.00

2019 *Chrisostomus.* (*J.*) *F. Chauveau* del. *Houlanger* sculps. in-4°. . . . . ″ 0.50

2020 *Kircherus.* (*A.*) *C. Bloemaert* sculps. in-8°. . ″ 0.40

2021 *Marciano.* (*L. de*) *F. Spier* del. et sculps. in-fol. ″ 1.00

2022 *Marcus Antonius*, Archevêque de Spalato. *Mierevelt* pinx. *W. Delff* sculps. in-4°. . . . . ″ 0.60

2023 *Neri.* (*Felipe*) *B. Picart* sculps. in-4°. . . . . ″ 0.70

2024 *Perettus.* (*F.*) *C. Bloemaert* sculps. in-fol. . . ″ 1.00

2025 *Ricci.* (*L.*) avec des vers latins, français et hollandais. *J. Houbraken* sculps. in-4°. . . . . ″ 0.60

avant la lettre. . . . . ″ 0.80

2026 *Sarpi.* (*F.*) *G. Vertue* sculps. in-fol. . . . *f* 1.00

Princes. Nobles.

2027 *Charles Emanuel* II, Duc de Savoye, Prince de Piémont, et sa femme *Marie Jeaune Baptiste. R. Nanteuil* sculps. 2 F. in-fol. . . . . ≠ 3.00

2028 *Jean Charles Doria*, Doge de Gênes. *S. Vouët* del. *M. Lasne* sculps. in-4o. . . . . ≠ 0.80

2029 *Charles Gonzaga*, dernier Duc de Mantoue. sans noms d'art. in-4o. . . . . ≠ 0.50

2030 *Castiglione.* (*Balthasar Comte de*) avec des vers italiens. *Rafaël* pinx. *R. Persijn* sculps. in-4o. . . . . ≠ 1.20

2031 *Malgrati.* (*B. A. Baron*) *P. M. Nerius* del. *C. Bloemaert* sculps. in-4o. . . . . ≠ 0.90

2032 *Valderi.* (*F. N. Comte de*) *A. van Hulle* pinx. *C. Galle Jr.* sculps. in-fol. . . . . ≠ 1.00

Savants.

2033 *Illustrium Jureconsultorum Imagines*, quae inveniri potverunt ad vivam effigiem expressae; Ex musaeo *Marci Mantuae Benaudii.* Romae. *Ant. Lafrerii* 1566. Suite de 22 portr. in-fol. Rare. . . . . ≠ 8.00

2034 *Aretin.* (*P.*) *J. Caraglio* sculps. *Bartsch* 64. . ≠ 1.60

2035 ———— avec l'inscription Vera effigie del poeta *Petro Aretino.* sans noms d'art. in-4o. Rare. . . . ≠ 1.50

2036 ———— *Titian* pinx. *W. Hollar* fecit in-4o. ≠ 1.00

2037 ———— *Titian* pinx. *C. van Dalen Jr.* sculps. in-fol. superbe épreuve avant la lettre et les noms d'art. ≠ 8.00

2038 *Bocace.* (*J.*) *Titian* pinx. *P. de Jode* fecit in-4o. ≠ 1.20

2039 ———— *Titian* pinx. *C. van Dalen Jr.* sculps. in-fol. . . . . ≠ 3.00
superbe épreuve avant la lettre et les noms d'art. ≠ 5.00

2040 *Fabricius.* (*H.*) Medicus. sans noms d'art. in-4o. ≠ 0.70

2041 *François de Padoue.* Medicus. *G. Sadeler* sculps. in-4o. . . . . ≠ 0.80

2042 *Navarrus Martinus.* (*Doctor*) sans noms d'art. avec l'adresse *d'Ant. Lafreri.* in-4o. . . . . ≠ 1.40

2043 *Priolus.* (*B.*) *C. le Fevre* pinx. *N. Pitau* sculps. in-4o. . . . . ≠ 0.90

2044 *Tasso.* (*Torquatus*) avec quatre vers latins. *G. Sadeler* fecit 1617. in-4o. . . . . ≠ 1.20

Peintres. Dessinateurs. Sculpteurs. Graveurs.

2045 *Arpino.* (*J. C. d'*) *O. Leoni* fecit *Bartsch* 23. *f* 1.00
2046 *Baccio Bandinelli. N. D. La Casa* fecit in-fol. = 1.80
2047 ———————— *Odieuvre* exc. in-8°. . . . = 1.00
2048 *Barbieri.* (*J. F.*) surnommé *le Guerchin. A. Clouet* sculps. in-8°. . . . . = 0.90
2049 *Baroche.* (*F.*) *P. Simon* sculps. in-8°. . . . . = 1.00
2050 *Bartolozzi.* (*F.*) dessin au lavis à l'encre de Chine sans nom d'art. in-4°. . . . . = 1.50
2051 *Beccafumi.* (*D.*) *de Larmessin* sculps. in-4°. . . = 0.60
2052 *Belle.* (*S. de la*) *Stockade* pinx. *W. Hollar* fecit in-4°. . . . . = 0.50
2053 *Bellino.* (*G.*) sans noms d'art. in-4°. . . . . . = 0.60
2054 *Bigio.* (*F.*) *Baron* fecit in-4°. . . . . = 0.70
2055 *Blesio.* (*H.*) avec huit vers latins. *H. Hondius* exc. in-4°. . . . . = 0.70
2056 *Botticelli.* (*S.*) par le même in-4°. . . . . . = 0.60
2057 *Buffalmacco.* (*B.*) *de Larmessin* sculps. in-4°. = 0.60
2058 *Caldara.* (*P.*) surnommé *le Caravage. Odieuvre* exc. in-8°. . . . . = 1.00
2059 *Carrache.* (*Annibal*) se ipsum pinx. *A. Clouët* sculps. in-8°. . . . . = 1.00
2060 ———————— sans noms d'art. in-4°. . . = 1.00
2061 ———— (*Augustin*) se ipsum pinx. *P. Simon* sculps. in-4°. . . . . = 1.00
2062 *Caliari.* (*P.*) sans noms d'art. in-4°. . . . . . = 0.80
2063 *Castel Franco.* (*G. da*) sans noms d'art. in-4° . = 0.80
2064 ———————— se ipsum pinx. *C. van Dalen Jr.* sculps. in-fol. superbe épreuve avant la lettre et les noms d'art. . . . . = 7.00
2065 *Carriera.* (*Rosa Alba*) se ipsum pinx. *D. Lépicié* sculps. in-8°. . . . . = 1.00
2066 *Coecke.* (*P.*) avec six vers latins. *H. Hondius* exc. in-4°. . . . . = 0.80
2067 *Corvina.*(*Madalena*)*Cl. Mellan* del. et sculps. in-4°. = 0.90
2068 *Dionatensi.* (*J.*) avec douze vers latins. *H. Hondius* exc. in-4°. . . . . = 0.90
2069 *Facini.* (*P.*) *G. D. Campiglia* del. *P. A. Pazzi* sculps. in-4°. . . . . = 2.00
2070 *Fontana.* (*D.*) *Odieuvre* exc. in-8°. . . . . . = 0.70

2078 *Gaddi.* (*T.*) *de Larmessin* sculps. in-4°. . . *f* 0.60

2072 *Giotto. de Larmessin* sculps. in-4°. . . . . . = 0.60

2073 *Jules Romain.* se ipsum pinx. *J. L. Potrelle* del. et sculps. in-4°. . . . . = 1.20

2074 ———— *J. J. F. Tassaert* sculps. in-fol. = 1.20

2075 *Lanfranco.* (*J.*) *Randon* sculps. in-8°. . . . . = 1.00

2076 *Lippi.* (*F.*) *de Larmessin* sculps. in-4°. . . . = 0.60

2077 ———— (autre) par le même in-4°. . . . . = 0.60

2078 *Lombardo.* (*L.*) *H. Hondius* exc. in-4°. . . . = 0.60

2079 ———— *E. de Boulonois* fec. in-4°. . . = 0.80

2080 *Lotto.* (*L.*) sans noms d'art. in-4°. . . . . . = 0.60

2081 *Mantegna.* (*A.*) *de Larmessin* sculps. in-4°. . = 0.60

2082 *Maratte.* (*C.*) sans noms d'art. pet. in-4°. . . = 0.60

2083 *Marini.* (*J. B.*) *A. P.* pinx. *P. J.* sculps. in-8°. = 0.90

2084 *Mazzuoli.* (*F.*) *de Larmessin* sculps. in-4°. . = 0.60

2085 *Mellan.* (*Cl.*) se ipsum pinxit et sculpsit in-4°. = 1.80

2086 *Messina.* (*A. da*) *de Larmessin* sculps. in-4°. = 0.60

2087 *Michel-Ange Buonarotti. A. Blooteling* fecit et exc. en manière noire pet. in-8°. . . . . = 0.50

2088 ———— *Odieuvre* exc. in-8°. = 1.00

2089 ————sans noms d'art. pet. in-8°. = 0.60

2090 *Michel-Ange Merigi, dit le Caravage. S. Baudet* sculps. in-8°. . . . . = 1.00

2091 *Morghen.* (*Rafaël*) dessiné et gravé par lui-même. in-fol. Belle épreuve. . . . . = 5.00

2092 *Mota.* (*Rafael*) sans noms d'art. in-8°. . . . . = 0.60

2093 *Orgagna.* (*A.*) *de Larmessin* sculps. in-4°. . = 0.60

2094 *Padoue.* (*François de*) se ipsum del. *J. Meÿssens* fec. et exc. in-4°. . . . . = 0.60

2095 *Palladius.* (*A.*) *G. B. Marioti* del. *F. Zucchi* sculps. in-8°. . . . . = 0.80

2096 ———— *B. Picart* delineavit et sculpsit 1716. in-fol. Belle épreuve. . . . . = 3.00

2097 *Palma.* (*J.*) *il Giovine.* sans noms d'art. in-4°. = 0.60

2098 ———— *il Vecchio.* sans noms d'art. in-4°. = 0.60

2099 *Perugin.* (*P.*) *L. Agricola* pinx. *J. J. P. Tassaert* sculps. in-fol. . . . . = 1.20

2100 *Peruzzi.* (*B.*) *Odieuvre* exc. in-8°. . . . . . = 1.00

2101 ———— pet. en médaillon. sans noms d'art. Rare. . . . . = 0.60

2102 *Piombo.* (*S. del.*) *Titian* pinx. *C. van Dalen Jr.* sculps. in-fol. épreuve avant la lettre et les noms d'art. . *f* 5.00

2103 *Ponte.* (*J. da*) sans noms d'art. in-4°. . . . = 0.60

2104 *Primaticcio.* (*F.*) *E. de Boulonois* fec. in-4°. = 0.60

2105 *Puntormo.* (*G. da*) *de Larmessin* sculps. in-4°. = 0.60

2106 *Raphael Sanzio.* *Titian* pinx. *de Larmessin* sculps. in-4°. . . . . = 0.60

2107 ——————— *Odieuvre* exc. in-8°. . . . = 1.00

2108 ——————— se ipsum pinx. *P. Peiroleri* sculps. in-fol. . . . . = 1.40

2109 ——————— se ipsum pinx. *J. L. Potrelle* del. et sculps. in-fol. . . . . = 3.00

2110 *Reni.* (*Guido*) se ipsum pinx. *J. Meijssens* fec. et exc. in-4°. . . . . = 0.60

2111 *Rossi.* (*P. de*) *de Larmessin* sculps. in-4°. . = 0.60

2112 *Rosso.* *de Larmessin* sculps. in-4°. . . . . = 0.60

2113 *Rastichi.* (*G. F.*) *de Larmessin* sculps. in-4°. . = 0.60

2114 *Salviati.* (*F.*) *de Larmessin* sculps. in-4° . . = 0.60

2115 *Sarte.* (*A. del*) *Odieuvre* exc. in-8°. . . . . = 1.00

2116 *Sanese.* (*S.*) *de Larmessin* sculps. in-4°. . . = 0.60

2117 *Tafi.* (*A.*) *de Larmessin* sculps. in-4°. . . . = 0.60

2118 *Tempesta.* (*A.*) *O. Leoni* fec. in-4°. *Bartsch* 38. = 1.00

2119 *Tintoret.* (*J.*) sans noms d'art. in-4°. Rare. . = 1.40

2120 ——————— *Trezel* del. *Rinaldi* sculps. in-fol. = 1.20

2121 *Titien.* (*Le*) *G. Georgi* fec. in-4°. Rare. . . = 1.20

2122 *Vajani.* (*Anne Marie*) *Cl. Mellan* del. et sculps. in-8°. = 1.00

2123 *Vaga,* (*P. del*) *de Larmessin* sculps. in-4°. . = 0.60

2124 *Vasari.* (*G.*) *de Larmessin* sculps. in-4°. . . = 0.90

2126 *Verrocchio.* (*A.*) *de Larmessin* sculps. in-4°. . = 0.60

2127 *Vezzo.* (*Virginie de*) *Cl. Mellan* fec. in-8°. . . = 1.00

2128 *Vinci.* (*L. da*) *de Larmessin* sculps. in-4°. . = 0.80

2129 *Zampieri.* (*D*) surnommé *le Dominicain.* *Randon* sculps. in-8°. . . . . = 1.00

2130 *Zucchero.* (*T.*) *de Larmessin* sculps. in-4°. . = 0.60

Divers.

2131 *Cagliostro. S. W. Evans* sculps. in-4°. . . *f* 0.40

2132 ——— *J. E. Haid* fec. en manière noire in-4°. = 0.50

2132 *Frescobaldi.* (*H.*) musicien. *Cl. Mellan* del. et sculps. in-8°. . . . . = 0.80

2133 *Gherardi.* (*E.*) *J. Vivien* del. *G. Edelinck* sculps. in-8°. . . . . = 0.90

2134 *Mas Aniello.* avec inscription latine. *Pet. de Jode* sculps. in-4°. Rare. . . . . = 1.00

2135 *Strozzi.* avec deux vers latins. *S. Vouet* del. *M. Lasne* fecit in-4°. . . . . = 1.00

LA RUSSIE.

2136 *Pierre le Grand. G. Kneller* pinx. *J. Smith* fec. et exc. en manière noire in-fol. . . . . = 2.00

2137 ——— *J. M. Nattier* pinx. *C. Roÿ* sculps. in-8°. . . . . = 1.00

2138 ——— *C. de Moor* pinx. *J. Houbraken* sculps. in-fol. . . . . = 1.20

2139 *Anne Iwanowna. Caravaque* pinx. *C. Roÿ* sculps. in-8°. . . . . = 0.90

2140 ——— *J. Wandelaar* del. *J. Houbraken* sculps. in-fol. . . . . = 1.40

2141 *Catherine Alexiewna. J. M. Nattier* pinx. *P. Dupin* sculps. in-8°. . . . . = 0.90

2142 *Catherine* II. *R. Vinkeles* sculps. in-8°. . . . = 0.40

2143 *Alexandre* I. *A. Desnoyers* del. *Bourgeois de la Richardière* sculps. in-fol. . . . . = 2.00

2144 *Nicolas* I. *Lonsdale* pinx. *W. Say* sculps. en manière noire in-fol. . . . . = 1.40

2145 *Gyöngyössi a Petteny.* (*P.*) *Médecin. C. F. Fritzsch* ad vivum del. et sculps. in-fol. . . . . = 1.20

LA POLOGNE.

2146 *Sigismund* III. *G. Sadeler* sculps. in-fol. . . *f* 1.80

2147 *Jean Sobieski. J. Thomson* sculps. in-4°. Beau. = 1.50

2148 *Auguste* III. *A. de Manyoki* pinx. *L. Zucchi* sculps. gr. in-fol. . . . . = 3.60

2149 *Kosciuszko.* (*Thaddée*) *Grassi* pinx. *C. Josi* sculps. in-fol. . . . . = 1.50

2150 *Poniatowski.* (*le Prince Joseph*) *Lesuire* del. *Bourdain* sculps. in-4°. . . . . = 0.90

2151 ——— ————— *C. C. A. Last* lithogr. in-fol. . . . . = 0.60

2152 *Chlopizki.* (*le général*) *Creuzbauer* exc. in-4°. = 0.60

2153 *Skrzynecki.* (*le général*) *Creuzbauer* exc. in-4°. = 0.60
avant la lettre. . . . . = 1.00

2154 *Lubienski.* (*Matthias*) Archevèque. *Danckers* pinx. *J. Falck* sculps. in-fol. . . . . = 1.80

LA SUÈDE.

2155 *Gustaphe Adolphe. A. van Dijck* pinx. *P. Pontius* sculps. in-4°. . . . . = 1.40

2156 *Charles* XII. *P. van Gunst* sculps. gr. in-fol. . = 2.00

2157 ——— *Kraft* pinx. *P. Tanjé* sculps. in-4°. = 1.50

2158 ——— *Kraft* pinx. *F.M. LaCave* sculps. in-8°. = 1.00

2159 *Brahe.* (*P.*) *D. Klöcker* pinx. *Grignon* sculps. in-fol. = 1.20

2160 *Gardie.* (*M. G. de la*) *P. van Schuppen* sculps. in-fol. . . . . = 1.40

2161 *Rutgers.* (*J.*) avec huit vers latins de *N. Heinsius. Lamb. Visscher* sculps. in-4°. . . . . = 0.90

2162 *Wrangell.* (*C. G.*) *N. Pitau* sculps. in-fol. . = 1.20

2163 *Linnaeus.* (*C.*) *P. Tanjé* sculps. gr. in-4°. . = 1.00

2164 *Pufendorf.* (*S.*) *D. Klöcker* del. *P. van Gunst* sculps. in-4°. . . . . = 0.50

LE DANEMARC.

2166 *Christiern* IV. *P. de Jode* exc. in-4°. . . . *f* 0.70

2167 ——————— *J. Muller* sculps. in-4°. . . . = 1.00

2168 ——————— *C. van Mander* pinx. *J. Houbraken* sculps. in-4°. . . . . = 0.60
avant la lettre. . . . . . = 0.90

2169 ——————— V. en pied, avec des attributs allégoriques. *G. Ovens* pinx. *T. Matham* sculps. in-fol. . . . . = 2.40

2170 ——————— VI. *B. Picart* sculpsit 1733. in-fol. Beau. = 2.00

2171 *Brandt.* (*E.*) avec cinq vers hollandais. *J. Houbraken* sculps. in-8°. . . . . = 0.50

2172 *Wind.* (*G.*) amiral. avec quatre vers latins de *C. Brochmand. Simon de Pas* sculps. in-fol. . . . . . = 1.60

ÉTATS-UNIS DE L'AMÉRIQUE.

2173 *Adams.* (*John*) *R. Vinkeles* ad viv. del. et sculps. in-8°. . . . . = 0.40

2174 ——————— *G. Döbler* sculps. en acier in-4°. = 0.60

2175 *Cooper.* (*Fenimore*) *F. Weber* sculps. in-4°. superbe épreuve. . . . . = 1.00

2176 *Franklin.* (*Benjamin*) *L. A. Claessens* sculps. in-8°. = 0.50

2177 ——————— à mi-corps, il tient un livre de sa main droite. *Wilson* pinx. *J. M. Ardell* fec. en manière noire. in-fol. Superbe épreuve avant la lettre et les noms d'artistes de ce portrait beau et très-rare. . . . = 7.00

2178 *Washington.* (*G.*) *R. Vinkeles* sculps. in-8°. . = 0.30

2179 ——————— en pied devant sa tente; il tient de la main la déclaration de l'indépendance des États-Unis et quelques autres papiers. *L. le Paon* pinx. *N. le Mire* sculps. in-fol. = 2.40

TABLE.

Pays-Bas.

La Belgique.

La France.

On remarquera sans doute dans la présente collection, plus d'une lacune de pièces capitales, qui auraient dû y figurer; avant d'avoir catalogué un aussi grand nombre de portraits, quelques ventes isolées y avaient contribué; nous nous empresserons dans la suite de la combler par des acquisitions nouvelles.

La seconde partie contenant les estampes détachées, sera, nous osons nous en flatter, également intéressante par le choix et les belles épreuves; elle sera classée par écoles et par ordre alphabétique de noms des artistes.

www.ingramcontent.com/pod-product-compliance
Lightning Source LLC
LaVergne TN
LVHW020352230826
846091LV00003B/1081

* 9 7 8 2 0 1 3 4 9 4 6 7 0 *